I0807440

ENTRE LIBROS Y EDITORES
Memorias

RENÉ SOLÍS
ENTRE LIBROS Y EDITORES
Memorias

TIEMPO DE MEMORIA
TUSQUETS EDITORES

© 2024, René Solís Brun

Foto de portada: Getty Images
Fotografía del autor: Archivo personal del autor / © Daniel de Laborde
Diseño de la colección: Departamento de Arte y Diseño, Área Editorial Grupo Planeta

Derechos reservados

© 2024, Editorial Planeta Mexicana, S.A. de C.V.
Bajo el sello editorial TUSQUETS M.R.
Avenida Presidente Masarik núm. 111,
Piso 2, Polanco V Sección, Miguel Hidalgo
C.P. 11560, Ciudad de México
www.planetadelibros.com.mx

Primera edición en formato epub: noviembre de 2024
ISBN: 978-607-39-2112-1

Primera edición impresa en México: noviembre de 2024
ISBN: 978-607-39-2026-1

No se permite la reproducción total o parcial de este libro ni su incorporación a un sistema informático, ni su transmisión en cualquier forma o por cualquier medio, sea este electrónico, mecánico, por fotocopia, por grabación u otros métodos, sin el permiso previo y por escrito de los titulares del *copyright*.

La infracción de los derechos mencionados puede ser constitutiva de delito contra la propiedad intelectual (Arts. 229 y siguientes de la Ley Federal del Derecho de Autor y Arts. 424 y siguientes del Código Penal Federal).

Si necesita fotocopiar o escanear algún fragmento de esta obra diríjase al CeMPro (Centro Mexicano de Protección y Fomento de los Derechos de Autor, http://www.cempro.org.mx).

Impreso en los talleres de Grafimex Impresores, S.A. de C.V.
Av. de las Torres 256, Colonia Valle de San Lorenzo,
Iztapalapa, C.P. 09970, Ciudad de México
Impreso en México – *Printed and made in Mexico*

Índice

A Martha

A Joaquín y a Carlos

A la memoria de Santiago, Rafael y Yolanda
y a todos los que se han ido

A Pedro

A Manolo

A Henry y Conchita

A Guillaume y Anita

A las respectivas familias, propias y ajenas

Y, ante todo, *to the happy few*

Agradecimientos

Es difícil citar a las entrañables personas que han influido en mí de tantas maneras y han contribuido a lo que soy: familiares, amigos, maestros, alumnos, colegas. Ante el riesgo de caer en la omisión, espero que todas las que me han brindado su generosa colaboración y consejo se den por reconocidas, con mi más sincera gratitud.

René Solís

...sería cosa muy útil y conveniente haber allá imprenta y molino de papel...

FRAY JUAN DE ZUMÁRRAGA, 1533

I

Antes que nada, lector

Cuando era niño, nunca pensé —ni siquiera llegué a imaginar— que en alguna etapa de mi vida me dedicaría a la actividad editorial. Lo único cierto es que siempre fui lector, lo he sido a lo largo de mi vida y lo seguiré siendo.

En casa siempre había libros. Esa imagen es uno de mis primeros recuerdos de infancia. Crecí rodeado de libros. Mi madre leía todo lo que caía en sus manos. Se llamaba Reina; nació en 1889, en San Francisco, California. No estudió ninguna carrera, porque en esa época no se acostumbraba que las jóvenes fueran a la universidad, así que se quedó con las ganas de estudiar Egiptología.

Provenía de una familia de comerciantes y era la mayor de tres hermanas; la segunda murió en la pandemia de influenza de 1918 y la última vivió muchos años más en Los Ángeles. Mi madre se burlaba de ella porque tenía una fascinación por la ropa interior y rara vez abría un libro.

Mi madre se casó a los 17 años de edad, entre 1906 y 1907, con un mexicano de Guadalajara, Carlos Cortés, quien estudió Ingeniería en Stanford; él provenía de una familia acomodada de Jalisco y, cuando comenzó la revolución de 1910, ya casados, regresaron a Guadalajara, a una propiedad llamada Maltaraña, en Jamay, que él administraría.

A principios de febrero de 1913, el presidente Madero nombró al esposo de mi madre cónsul de México en Nueva Orleans, pero cuando viajaban en el barco, recibió un telegrama que le informaba que Francisco I. Madero había sido asesinado y que el nuevo presidente era Victoriano Huerta. Él ya no quiso regresar a México y decidió establecerse en California; mi madre y él tuvieron 6 hijos —mis medios hermanos—, quienes permanecieron y estudiaron en California.

Al morir su esposo relativamente joven, mi madre decidió regresar a México con la idea de comprar y exportar artesanías a una tienda de regalos de San Francisco. En ese viaje conoció a mi papá, José Luis Solís Rosas, de Puebla; se casó con él y decidió quedarse en México. Él tenía 20 años; mi madre, 44. Yo fui el único hijo de ese matrimonio.

Mi papá era comerciante. Uno o dos miembros de su familia habían ido a la universidad, pero él no. Era una persona muy divertida y ocurrente, aunque mucho menor que mi mamá, por lo que el matrimonio no funcionó; se divorciaron cuando yo tenía 15 años.

Mi papá inició varias pequeñas empresas con éxito desigual; algunas eran ideas muy acertadas. Sin embargo, nunca tuvo la dedicación que exigían y, además, tenía una afición irreprimible por la buena vida: vinos, mujeres y canciones.

El problema fue que se casó con muchas de esas mujeres —según mis estimaciones, por lo menos con seis— y tuvo no menos de 15 descendientes. Cuando murió en 1979, como yo era «el mayor de la familia», me tocó encargarme de los trámites para su entierro. Durante el funeral, conocí por primera vez a once de mis medios hermanos; las medias hermanas no se acercaron. Fue un encuentro impactante y chusco a la vez; a mi papá le habría divertido. Lo recuerdo con mucho afecto y reconocimiento por la anuencia tácita que me permitió seguir mi vida, desde niño, de acuerdo con mis intereses.

Luego del divorcio de mis padres permanecí con mi mamá; era una mujer curiosa, le gustaba aprender, conocer, indagar. Siempre quiso saber de todo y particularmente de arte y literatura. Una parte de los libros de mi biblioteca son herencia de ella. Su lengua materna era el inglés. Cuando se casó por primera vez, no sabía español, pero lo aprendió con rapidez; lo leía perfectamente, aunque hablaba con acento. También sabía francés porque tenía ascendencia francesa y se lo habían enseñado de niña; leía en los tres idiomas.

Cuando había cursos para extranjeros en la Facultad de Filosofía y Letras de la UNAM, mi madre no dudaba en asistir; tomó cursos de literatura, teatro y de arte mexicanos. Le encantaba México; por lo tanto, nunca regresó a vivir a Estados Unidos ni inculcó en mí esa posibilidad. Con el tiempo, se nacionalizó mexicana y vivió en México el resto de su vida.

Mi madre influyó por completo en mi gusto por la lectura. En casa había una notable avidez por leer y su biblioteca estaba llena de libros, incluyendo algunos títulos infantiles que habían pertenecido a mis hermanos y que encontraron un lugar permanente en la biblioteca de mi mamá. Todavía conservo un ejemplar de *Winnie-the-Pooh*, de A. A. Milne, una de las primeras ediciones publicada en 1926.

Desde la primaria me convertí en lector. Me apasionaba leer y siempre esperaba que me regalaran libros o dinero para comprarlos. Mi papá pensaba que leía demasiado y le enfadaba que no practicara ningún deporte, aunque él tampoco lo hacía. En un momento de locura, sugirió que yo necesitaba ir al colegio militar para recibir una educación que equilibrara la educación poco utilitaria que, a su juicio, estaba recibiendo de mi madre. Me resistí y, por fortuna, él tampoco insistió.

Estudié en el Colegio Americano, una escuela en la que la lectura era fundamental. El plantel tenía una amplia biblioteca y, considerando que solo se podía cursar hasta High School, la mayoría de los títulos que había en su catálogo era para adultos, aunque había una sección muy reducida de libros infantiles, porque en esos años —entre 1940 y 1950— tampoco existía una oferta editorial importante para niños; leíamos principalmente los clásicos infantiles.

Leía en casa, leía en la escuela y, durante esos años, un hecho alentó aún más mi gusto por la lectura. A principios de los años cuarenta, una de las iniciativas estadounidenses para estrechar lazos con México, en plena Segunda Guerra Mundial, fue la apertura de la Biblioteca Benjamin Franklin. En ese entonces estaba en Paseo de la Reforma, en una antigua casona porfirista, a una cuadra de la estatua ecuestre de Carlos IV, también conocida como «El Caballito», de Manuel Tolsá. En la actualidad la biblioteca se encuentra en la calle Londres de la colonia Juárez; su acervo, en su mayoría en idioma inglés, es de acceso gratuito para todo el público.

El sistema bibliotecario estadounidense tradicionalmente asigna un espacio para libros infantiles, y la biblioteca Franklin no fue la excepción. Se encontraba en el ático de la casa y tenía una colección amplia de libros para niños. Mientras mi mamá iba a la sección de adultos, yo me entretenía en la sección infantil.

Lo novedoso de la Franklin era que uno se podía llevar los libros para leerlos en casa; en las bibliotecas institucionales no lo permitían, pero en esta sí: al escoger tus libros, llenabas una boleta que firmaba tu papá o tu mamá o un adulto, en la que se comprometían a devolver los libros en el plazo fijado.

Disfrutaba tanto asistir que me hice amigo de las bibliotecarias; pronto me enseñaron cómo funcionaba la biblioteca, la clasificación de las obras, el sistema decimal Dewey, entre otras muchas cosas. Ese tiempo que pasé en la biblioteca fue de gran experiencia para mí, porque me convertí en una especie de asistente que ayudaba a ordenar los libros y a colocarlos en su lugar. No me pagaban, pero me permitían estar horas y horas leyendo, consultando y disfrutando los libros ilustrados que tenían en su acervo.

Siempre he tenido la convicción de que uno tiene que empezar a leer desde niño, en la casa, en la escuela, en una biblioteca pública. El que lee desde los primeros años será un buen lector toda su vida. Desde luego, inculcar la lectura es una responsabilidad compartida entre los padres y la escuela. Sin embargo, si el colegio no la alienta y no cuenta con un acervo propio, por pequeño que sea, los padres deben buscar cómo suplir esa carencia. La lectura debe ser entretenida, aunque también es indispensable para la formación, el conocimiento y el desarrollo personal.

Mi primer contacto con algo que puede acercarse a un quehacer editorial ocurrió durante mi último año de primaria. Un maestro me invitó a colaborar en el periódico escolar que se publicaba cada vez que se podía. El maestro se encargaba de armarlo: era de media plana, solo tenía cuatro páginas y los compañeros esperaban con ansias cada nuevo número; la sección más leída era la página de chismes de la escuela.

Poco después, cuando tenía 12 años, trabajé con otro maestro que tenía a su cargo la edición del anuario de todo el colegio. La publicación incluía la fotografía individual de cada alumno, una pequeña nota con su nombre, lugar de nacimiento y otros datos básicos. Para los alumnos que iban a graduarse, el espacio era más grande y cada uno podía escribir un párrafo contando quién era, cuáles eran sus pasatiempos, sus deportes favoritos y sus planes para el futuro; alguien escribió que se iba a casar cuatro veces, y lo logró.

Me tocaba perseguir y recolectar los textos de cada alumno y también la toma de las fotografías individuales y de grupo. Trabajamos con un fotógrafo que llevaba años colaborando con el colegio y que más tarde se convirtió en camarógrafo de cine. Era mucho trabajo y me convertí en el asistente del maestro; me tocaba llevar las fotos al taller para que hicieran el rotograbado y, una vez terminado, llevaba todo a la imprenta, donde armaban el cuaderno, hacían un *dummy* —equivalente a lo que hoy sería el PDF— y, ya corregido, se imprimía y encuadernaba. Debía estar listo varios días antes de la graduación. Se puede decir que fui un artesano editorial en ciernes, totalmente amateur, pero aprendí mucho y todavía lo recuerdo con agrado.

Mis intereses no cambiaron durante la adolescencia: seguí siendo un ávido lector y, cuando juntaba algo de dinero, me escapaba a Zaplana a comprar libros. Esta librería fue fundada en 1945 por Andrés Zaplana en San Juan de Letrán 41 (hoy Eje Central Lázaro Cárdenas), en la Ciudad de México.

Comencé a frecuentar Zaplana al iniciar la década de 1950. Más que una librería propiamente dicha, era una especie de bodega muy amplia que vendía saldos, con decenas de mesas donde se ofrecía una cantidad impresionante de títulos provenientes de Argentina y Chile, e incluso de la España de la pre Guerra Civil, así como de editoriales mexicanas. Casi todos eran remanentes, a precios muy baratos.

Era un paraíso, pues había ediciones de bolsillo de Losada, Tor, Zig-Zag, Austral y de la *Colección Biblioteca Contemporánea,* hasta saldos de la *Colección Universal de Espasa*, de los años 20. Eran baratísimos, y por unos pesos te llevabas verdaderas joyas.

Otra librería que frecuenté fue la primera Librería de Cristal, inaugurada por Alfonso Reyes en 1941, que se encontraba en el extremo oriente de la Alameda Central, a un costado del Palacio de Bellas Artes, y que tenía un escaparate de 40 m de largo donde exhibían el surtido que ofrecían al público. La librería estaba dividida en secciones temáticas: literatura, interés general, técnicos, escolares, universitarios, infantiles y libros para coleccionar. También tenía una pequeña sala donde exponían pinturas y se organizaban conferencias.

Al escribir estas notas, recuerdo algunas de mis primeras lecturas durante mi infancia y juventud, como *Rosas de la infancia*, de María Enriqueta, en primaria, y la antología *El jardín de las letras*, de Carlos González Peña. Estas obras fueron los primeros estímulos hacia una vida en la que la literatura siempre ha sido una presencia continua, una razón de ser, una fuerza vital. *El jardín de las letras* significó mi primer acercamiento a la poesía y al teatro, a Bécquer, a Lope de Vega, a Góngora, entre otros autores.

El objetivo de estos libros era fomentar la lectura y acercar a los niños y a las niñas a la literatura. El éxito en lograr ese acercamiento dependía, en gran medida, del entusiasmo del profesor por la lectura, pero sobre todo de su capacidad para contagiar el mismo ánimo. Casi ninguna de las obras escogidas había sido escrita *ex profeso*, aunque sus autores eran mexicanos y españoles reconocidos.

Un detalle muy importante: una de las tareas frecuentes en el uso de estos libros era la memorización de poemas para recitar en clase e incluso en funciones escolares. Un lugar común: la lectura en voz alta contribuye a crear una cercanía entre el lector y las letras.

Ahora pienso que estos materiales de lectura habían tenido un antecedente en los años veinte, con la aparición de la colección *Lecturas Clásicas para Niños*, un proyecto editorial dirigido por el entonces secretario de Educación José Vasconcelos «para formar en la población infantil el gusto por la lectura y, a la vez, el conocimiento de la vida y leyendas de otras latitudes».

Además de estas lecturas, Vasconcelos también lanzó una colección de «clásicos», que eran fácilmente reconocibles porque todos fueron encuadernados en pastas color verde olivo. Fueron 13 títulos en 17 tomos, publicados entre 1921-1924, y aún se pueden conseguir en las librerías de viejo.

Diez de los títulos «verdes» han sido reeditados recientemente por Alias, una editorial singular; la edición incluyó *Diálogos*, de Platón; *Tragedias*, de Eurípides; *Tragedias*, de Esquilo; *Vidas paralelas*, de Plutarco; la *Ilíada* y la *Odisea*, de Homero, y *Evangelios*. Las adaptaciones fueron realizadas por figuras de trascendencia literaria, como Gabriela Mistral, Jaime Torres Bodet, José Gorostiza, Palma Guillén, Salvador Novo y Xavier Villaurrutia; también fueron ilustradas por artistas, como Roberto Montenegro. Esta colección ha sido reeditada varias veces en facsímil por su valor e intención perdurables.

Otra de mis primeras lecturas en primaria fue un libro ilustrado titulado *Lila sueña*, que solo he vuelto a encontrar en una memorable muestra histórica del libro mexicano, organizada por Eugenia Meyer en la Feria de Frankfurt de 1992, cuando México fue el país invitado de honor. Fue un rencuentro feliz con el freudiano *Lila sueña*; estuve a punto de robármelo.

Tampoco hay que olvidar las obras de Antonio Vanegas Arroyo, notable impresor de finales del siglo XIX y principios del XX, quien editó varias colecciones de «cuadernillos» para niños y adultos en distintos formatos, las cuales contaban con la genial colaboración del ilustrador José Guadalupe Posada.

Entre las colecciones de «cuadernos populares» destacaban las que estaban dirigidos a los niños: *Cuentos, Cuentos Históricos, Cuentecitos, Comedias y Zarzuelitas para Niños, Comedias para Niños o Títeres, Monólogos, Diálogos Cómicos, Versos y Adivinanzas*. Cada cuadernillo tenía un costo de 3 centavos y fueron un éxito. Hace una docena de años, los hermanos Reverte publicaron un compendio excepcional que recuperó las ilustraciones.

A México llegaban irregularmente libros infantiles en formato pequeño, como los editados por Calleja, y otros de gran formato con cuentos y leyendas de distintos países, publicados por Molino. Durante la Guerra Civil de España, la familia propietaria de Molino huyó a Argentina. Luego comenzó a publicar estos libros amarillos que exportaba a los países hispanohablantes, salvo España.

Asimismo, los cuentos de hadas —si se pueden llamar así— de Oscar Wilde marcaron mi infancia, como *El príncipe feliz* o *El fantasma de Canterville*. Por azar, leí *De ratones y hombres*, de John Steinbeck, obra que me impresionó profundamente, aunque es posible que no la haya entendido por completo, ya que es una historia triste y dura. Me llamó la atención porque era un libro corto y muy bien editado.

Recuerdo también los cuentos de Hemingway que me impactaron, porque creía haber entendido todo a los 12 o 13 años. No faltaron *Demian* y *El lobo estepario*, de Herman Hesse; cuando los leí, me parecieron maravillosos, pero con el paso de los años se volvieron insoportables, sin negar que ejercieron un fuerte impacto entre la juventud.

Muchos años después leí la correspondencia entre Thomas Mann y Hermann Hesse; ambos recibieron el Nobel de Literatura. Me sorprendió la estrecha relación epistolar que sostuvieron, pues eran dos escritores muy distintos, con personalidades completamente opuestas, lo que me resultó más interesante. *La montaña mágica*, de Mann, no la leí en esa época, no pude entrarle. La teníamos en casa, pero tuvieron que pasar algunos años antes de hacerlo.

Hay muchas obras que están sobrevaloradas; pienso en los libros de aventuras del prolífico autor italiano Emilio Salgari, cuya popularidad gozó de larga vida, aunque dudo que alguien pueda leerlas actualmente. Otros «clásicos» de juventud siguen siendo lecturas obligadas, como Dickens y Balzac, hasta cierto punto.

En el Colegio Americano, además del inglés, teníamos la opción de elegir otra lengua. Solo había dos opciones: latín o francés. No cursé latín, lo cual lamento, porque me hubiera gustado tener esa base, aunque mis compañeros que lo tomaron terminaron odiándolo.

Me inscribí con una maestra francesa que había estudiado en la Sorbona. Era muy buena y nos enseñó el idioma a partir de la literatura: nos leía cuentos en francés y nos guiaba a través de la literatura francesa de forma cronológica. Por desgracia, al terminar el segundo año, se retiró.

Afortunadamente, la sustituyó una maestra mexicana que estudiaba Literatura Francesa en la Universidad de Columbia. Era totalmente bilingüe en francés y español, y se burlaba de nosotros porque no habíamos leído ciertas obras que le parecían básicas. Hacía hincapié en que leyéramos a los escritores modernos y con ella empezamos a leer el primer libro de *En busca del tiempo perdido* («Un amor de Swann»), de Marcel Proust; *El extranjero*, de Albert Camus; *La náusea*, de Jean Paul Sartre, y *La condición humana*, de André Malraux. A pesar del cambio de maestras, aprendí francés. Desde entonces, trato de dedicar tiempo a leer en ese idioma.

En el último año había un curso optativo de literatura en lengua española, impartido por una maestra española cuya familia estaba exiliada; ella había estudiado en Estados Unidos. Nos inscribimos alrededor de doce estudiantes y, cuando nos preguntaba qué estábamos leyendo, se burlaba y nos humillaba de buena manera porque era una provocación para leer más: nos hacía sentir ignorantes y siempre decía «Un poco de culturita no le hace daño a nadie». Por si fuera poco, era joven y muy guapa.

También nos atraían las novelas de misterio, detectives y crímenes, desde Edgar Allan Poe y Bram Stoker hasta los clásicos de la novela negra como Chandler, Hammett, Ross Macdonald y John D. MacDonald, entre muchos otros.

En la adolescencia, no estaba seguro de qué profesión seguir ni sabía qué carrera elegir. Nunca pensé en dedicarme a los libros. Mi padre era un emprendedor errático, cuyas variadas y pequeñas empresas tuvieron éxito, pero vida corta. Por la voluble economía familiar, me di cuenta de que debía elegir una carrera que pudiera darme los ingresos necesarios para independizarme y sostenerme, así que opté por Administración de Empresas.

Ingresé a la carrera cuando tenía 16 años porque estudié el *high school* en el Colegio Americano y tuve la opción de entrar a esa edad en el México City College —hoy Universidad de las Américas—, ya que reconocían mis estudios.

El sistema se basaba en créditos académicos, no en el tiempo, así que procuré acumular el mayor número de créditos por semestre y terminé la carrera en el menor tiempo posible. Lo que me urgía era trabajar.

A lo largo de la carrera podía tomar otro tipo de cursos ajenos a las materias obligatorias de Administración —literatura, historia, arte—, siempre y cuando cumpliera con los créditos de mi área de estudio. Tuve la fortuna de tomar cursos con destacados maestros mexicanos, como Luis Weckmann, Fernando Horcasitas, Rogelio Díaz Guerrero, Vera Yamuni, y con españoles exiliados, como Ramón Xirau, Jomi García Ascot, Ángel González Aráuz, Pedro Armillas, entre otros.

Ramón Xirau era joven, amable y sonriente. Impartía un curso llamado Crítica Literaria. Para tomarlo, era necesario ser estudiante de posgrado, por lo que fui a verlo y le pregunté si podía tomar el curso. No titubeó. A él no le importaban los trámites burocráticos ni los requisitos académicos. Sin embargo, tuve que entrevistarme con la directora de estudios de posgrado Lorna L. Stafford, una investigadora experta en incunables, de gran erudición, pero a la que todos temían porque era inflexible y autoritaria. Además, tenía un chongo piramidal que imponía y asustaba.

Cuando le expresé que deseaba tomar el curso del maestro Xirau, me cuestionó: «Pero, mi estimado Sr. Solís, ¿usted qué sabe de literatura universal?». Y le respondí: «Pues algo, por eso me interesa tomar el curso». No quitó el dedo del renglón. Me advirtió que las lecturas eran muy complicadas y añadió otros argumentos para desanimarme; no obstante, terminé por decirle que si no podía con el curso, que me reprobara y no pasaba nada. Finalmente, me autorizaron el curso; éramos solo 9 estudiantes.

Bajo las mismas circunstancias, tomé otros cursos: Historia y Arte Prehispánico, Colonial y Contemporáneo, que impartía Alexander von Wuthenau, un entusiasta y excéntrico erudito; Antropología; Sociología; Filosofía. Los maestros también impartían clases en la UNAM y me abrieron el mundo: Fernando Horcasitas estaba haciendo sus pininos como experto en náhuatl y Luis Weckmann enseñaba Historia Antigua, Edad Media, Renacimiento,

Revolución Industrial e Historia Moderna hasta el siglo XX. Cursé Filosofía con la maestra Vera Yamuni, extraordinaria discípula de José Gaos. Todos los maestros tenían un nivel de excelencia, y con muchos de ellos, como con González Arauz, tuve una magnífica amistad.

Algunos géneros literarios me costaron trabajo durante mi juventud, por ejemplo, la poesía de los siglos XIX y XX en cualquier idioma. Sin embargo, tomé varios cursos de literatura española de los siglos XVIII y XIX con Jomi García Ascot, un profesor admirable que me abrió las puertas hacia el mundo de la poesía. Gracias al maestro Jomi, le tomé gusto a la poesía española de los años veinte y treinta, y comencé a leerla con gran interés.

II

Una maestría

Me recibí de la Universidad de Las Américas a final de 1954, y en enero de 1955 me contrataron en General Popo como *trainee* de tesorería. Se trataba de una llantera mexico-estadounidense establecida en Cervantes Saavedra, frente a la planta de General Motors de Polanco.

Me iba bien en el trabajo, pero sentí que mis conocimientos en Administración eran bastante rudimentarios y pensé que necesitaba prepararme mejor si ese iba a ser mi campo profesional. Decidí encontrar la manera de estudiar una maestría en la Escuela de Administración de Empresas de Harvard. El único problema era que no tenía recursos para pagarme los estudios; pedí una cita con el Sr. Wolfe, un estadounidense originario de Luisiana, director de la General Popo y le expliqué mis planes.

Su respuesta me dejó sorprendido. Me dijo que si Harvard me aceptaba, la empresa me adelantaría los recursos necesarios para cursar la maestría con el único compromiso de regresar a trabajar a General Popo y devolver el préstamo. No tuve que firmar ningún documento, ni pagarés, fue un acuerdo de palabra, basado en la confianza, lo cual inquietó mucho al contador de la empresa, sobre todo porque yo apenas tenía año y medio de antigüedad.

Envié mi solicitud a Harvard. Aunque hubo algo de resistencia para aceptarme —consideraban que era muy joven para ingresar a la maestría, tenía entonces 20 años—, finalmente autorizaron mi ingreso. Al recibir la confirmación, fui con el Sr. Wolfe. Por mi parte, había conseguido una beca para cubrir la colegiatura, que entonces ascendía a 1200 dólares por año, y la empresa cubrió mi manutención, habitación, alimentos y gasto corriente.

La empresa envió a la tesorería de la universidad un depósito considerable y yo solo tenía que presentarme para hacer retiros cuando lo requiriera. Así fue el procedimiento durante los dos años que estuve en Harvard.

Mis padres autorizaron el permiso para que pudiera tramitar mi pasaporte porque todavía era menor de edad. En esa época, la mayoría de edad era hasta los 21 años y yo tenía 20.

Cuando llegué a Harvard, ya había leído fragmentos de *La región más transparente*, de Carlos Fuentes, publicados en la *Revista de la Universidad*; sin embargo, Juan Rulfo me impresionó: había leído con mucho interés *El llano en llamas* (1953) y *Pedro Páramo* (1955), y lo conocí por esos años. Durante mis años en la Universidad de las Américas, hice amistad con una pareja, Fran y Timothy King; él estaba traduciendo al inglés algunos cuentos de Juan Rulfo, quien por entonces era becario del Centro Mexicano de Escritores. Algunos meses antes de viajar a Harvard, King me presentó a Rulfo e hicimos buena amistad.

Rulfo me invitaba a uno de sus lugares favoritos, el Café Teka, que se encontraba en la calle López del centro de la ciudad. Ahí platicábamos de literatura. Me hablaba de su afición por los escritores nórdicos, no solamente Ibsen, Sigrid Undset y Hamsun, sino también por el escritor islandés Halldór Laxness, autor de *Gente independiente*, que ganó el Premio Nobel de Literatura, y por el finlandés F. E. Sillanpää. Y por supuesto, hablábamos de otros escritores que admiraba, como Faulkner y Hemingway. Fue una grata amistad, una buena relación. Con el tiempo, lo volví a ver varias veces. Siempre muy afable, era una persona muy reservada y celosa de su intimidad.

Cuando Rulfo se convirtió en un autor reconocido universalmente luego de la publicación de *Pedro Páramo* en 1955, y sus derechos comenzaron a ser manejados por Carmen Balcells, dejé de verlo, aunque solía hablarle por teléfono de vez en vez. Se volvió inalcanzable, no por soberbia, sino porque siempre fue muy tímido. Rulfo solía afirmar que no había vuelto a escribir porque había dicho todo lo que tenía que decir.

Durante las vacaciones entre el primero y el segundo año de la maestría, al igual que muchos otros compañeros, ingresé a un programa de entrenamiento o prácticas profesionales. A través de General Popo, fui a trabajar a una llantera en Akron, Ohio, ciudad en donde nació la industria del caucho en Estados Unidos. Ahí se diseñaron los primeros neumáticos en el siglo XIX y fue el sitio donde realizó su primer vuelo el dirigible de Goodyear.

Akron es uno de los pueblos menos interesantes del mundo. Casi toda la comunidad trabajaba de una manera u otra en el negocio de las llantas. Las llanteras se desarrollaron ahí, junto al río Mississippi, porque la producción requiere agua.

Como era verano, trabajábamos desde las ocho de la mañana hasta las tres o cuatro de la tarde porque el calor y la humedad eran agobiantes y el aire acondicionado no era común.

Akron tenía dos cines. Había poco que hacer en el pueblo, pero tenía una biblioteca pública municipal que además contaba con una sección de discos de jazz, música clásica y otros géneros. Una identificación era suficiente para que te prestaran los libros; esa biblioteca fue mi salvación durante el verano.

Las bibliotecas municipales que realmente brindan un buen servicio deben tener una selección viva. Todas deben contar con un pequeño presupuesto para comprar obras de reciente publicación que puedan despertar el interés de los lectores, incluyendo novelas del corazón, novela negra, ciencia ficción, porque siempre habrá gente que esté buscando esos temas… Y así era la biblioteca de Akron.

Me volví un cliente asiduo. Tenía que caminar varias cuadras porque estaba bastante lejos de donde yo me quedaba. En ese entonces no había camiones, así que me iba a pie, asolado por el calor del verano. Sin embargo, en la biblioteca pública había aire acondicionado, y ese también era otro motivo por el que la gente la visitaba. Estuve ahí tres meses seguidos, sin interrupciones, para luego regresar a Harvard a continuar con mis clases regulares.

Estuve en Boston de 1956 a 1958. Fueron dos años decisivos para mi formación no solo en términos de mi especialización en los estudios de Administración, sino también por la cantidad de opciones que tuve en la universidad para ampliar mis conocimientos en otras áreas.

No me conformé con cumplir solamente con las materias propias de la maestría que eran obligatorias. También me di tiempo para tomar cursos en otras escuelas y conocer gente; pero, sobre todo, nunca dejé de acercarme a la literatura, que siempre ha sido mi pasión, a través de las bibliotecas con las que contaba la universidad.

La Escuela de Negocios tenía una biblioteca espléndida en las áreas de administración, historia y temas afines, como economía, geografía, políticas públicas, pero el modelo se repetía en toda la universidad: cada escuela contaba con su propia biblioteca especializada; eran bibliotecas de primer nivel.

Además, Harvard contaba con la gran biblioteca Harry Elkins Widener, cuyo acervo estaba compuesto por millones de volúmenes en más de 100 idiomas, y un famoso fondo reservado al que solo tenían acceso los estudiantes de posgrado.

La biblioteca había sido inaugurada en 1915 a instancias de Harry Elkins Widener, joven descendiente de dos de las familias más ricas de Estados Unidos, graduado de Harvard en 1907 y notable bibliófilo que murió en el hundimiento del Titanic en 1912. Su testamento estipulaba que su colección personal de miles de volúmenes fuera donada a la Universidad de Harvard. Su madre cumplió su última voluntad, pero fue más lejos: financió la construcción de un enorme edificio para la biblioteca.

Los estudios de maestría en Administración eran de un alto nivel de exigencia y máximo esfuerzo; eran necesarias muchas horas de lectura, ya que los catedráticos usaban el método de casos que implicaba leer diariamente decenas de páginas por materia para poder discutir el contenido al día siguiente. Había alumnos a quienes el método de casos les parecía más difícil que escuchar a un maestro impartir cátedra, tomar notas, memorizar y someter lo recordado a prueba. El método de casos planteaba que «el sentido común no puede enseñarse».

Aproveché el acervo de la biblioteca Widener para seguir atento al mundo de la literatura. Era una forma de equilibrar, por un lado, la Administración y, por el otro, mi gusto por la literatura.

En Harvard tuve conocimiento de una obra que estaba causando furor en París: *Lolita*, de Vladimir Nabokov. Había sido escrita en inglés, pero aún no estaba publicada en Estados Unidos. La había lanzado una editorial francesa, The Olympia Press, que se especializaba en libros que otras editoriales rechazaban por su experimentación literaria, por su erotismo y, en no pocas ocasiones, por ser abiertamente pornográficos. *Lolita* ya había sido prohibida en Francia y en Inglaterra.

En el fondo reservado de la biblioteca Widener pregunté si tenían *Lolita.* El bibliotecario bajó la voz y casi susurrando me preguntó si era estudiante de posgrado. Luego de asentir me entregó un ejemplar recién llegado de Francia, en Estados Unidos lo publicaron hasta 1958.

Recuerdo que mis compañeros y yo lo leímos en voz alta en la habitación que compartía con mi compañero y amigo Raymond Fitzsimmons, un estadounidense que hablaba bien el español. Dado el escándalo y el morbo que había desatado la novela de Nabokov, de pronto tuvieron un inusitado interés por conocer *Lolita.* Es una lectura fantástica, un libro maravillosamente cómico y, sobre todo, escrito de una manera admirable. Me volví de inmediato un aficionado de Nabokov.

Cuando estudiaba en Harvard, supe que entre sus profesores estaba Raimundo Lida, notable filólogo argentino y crítico literario que vivió en México y fue uno de los grandes maestros del Colegio de México, especialista en diversos campos de la literatura hispana e hispanoamericana.

Lida impartía un seminario para estudiantes de posgrado sobre el modernismo y más temprano que tarde me presenté con él para solicitar que me aceptara como oyente en su curso. Para mi total sorpresa me respondió: «Encantado, así seremos dos cuya lengua materna es el español, pues los demás estudiantes todavía tienen problemas para entenderme». En muchas ocasiones bromeaba conmigo sobre algún texto en español y nos reíamos mucho, como cómplices del mismo idioma.

También me atreví a platicar con Harry Levin, admirado maestro y gurú de literatura comparada, cuyas pláticas sobre Joyce, Proust y Mann eran muy preciadas. En esos años, entre 1956 y 1958, el poeta Jorge Guillén impartió la cátedra Charles Eliot Norton sobre poesía. Era una cátedra en su acepción más amplia del término, pues otras distinguidas personalidades en artes y humanidades —música, arquitectura, artes plásticas— también la impartieron, como Octavio Paz, quien fue invitado en 1974, y el arquitecto Félix Candela.

A mis compañeros les llamaba la atención que siempre anduviera interesado en cursos de literatura o humanidades tan ajenos a las materias de negocios, que eran propias de nuestros estudios. En una ocasión decidieron jugarme una broma.

Un día recibí una carta con el membrete de la universidad, en la que me informaban que la dirección estaba enterada de que tomaba demasiados cursos de literatura, por lo que me recomendaban dejarlos, pues me distraían de las materias propias de mi maestría. Por un instante pensé que era en serio, hasta que vi el garabato como firma al calce de la carta. Mis compañeros rieron hasta cansarse.

A pesar de que a Harvard llegaban decenas de cazatalentos buscando reclutar a los futuros egresados del posgrado para las mejores empresas estadounidenses, siempre tuve claro que regresaría a México, no solo por el compromiso de reintegrarme a General Popo y pagar el préstamo que me había concedido la empresa, sino también porque deseaba desarrollarme profesionalmente en mi país.

Los representantes de Recursos Humanos de distintas empresas desfilaban por Harvard. Era una situación muy animada que provocaba emoción entre los estudiantes, pues los entrevistadores llegaban con ofrecimientos nada despreciables y a nombre de las mejores empresas. Era imposible salir de Harvard sin haber conseguido un buen trabajo una vez terminados los estudios. Recuerdo que a mi compañero de cuarto en Harvard lo entrevistaron varias empresas antes de que él tomara una decisión. Era muy interesante ver ese afán por mostrar el mejor perfil para obtener el puesto deseado.

Regresé a México, ya con mi título de maestro, y me reincorporé de inmediato a General Popo. Las condiciones eran diferentes y mucho mejores para mí. Me dijeron lo que iba a ganar a partir de ese momento, establecieron lo que me descontarían mes con mes por el préstamo y aun así me quedé con un buen salario. Un año y medio después, me llamó el contador de la empresa para informarme que había recibido instrucciones de cancelar mi adeudo porque les causaba demasiados problemas fiscales.

Estudiar en Harvard genera un vínculo de amistad con los compañeros de generación, porque durante el tiempo de estudio compartes intereses en común, experiencias cotidianas y, aunque al terminar cada uno tome su propio rumbo, los vínculos permanecen.

Cada cinco años, Harvard organiza una reunión de exalumnos de todas las generaciones, en su escuela correspondiente, pero siempre en las instalaciones de la universidad. Es un evento de dos días completos, en los cuales se convive con los antiguos compañeros. Además, se asiste a algunas clases sobre temas de actualidad, impartidas por los mejores profesores del momento.

La universidad lo hace así para que los asistentes conozcan qué está pasando en la escuela, cuáles son los temas de avanzada y su contexto. Al finalizar el encuentro, se presenta el decano de la facultad para hablar sobre los logros de la universidad y su contribución a la sociedad, y para recordar la importancia de los donativos.

La reunión más reciente en la que participé coincidió con mis 65 años de egresado. La universidad se ha transformado, ha evolucionado de manera asombrosa y se ha adaptado a las circunstancias cambiantes en Estados Unidos y el mundo. Las nuevas generaciones son completamente diferentes: el contexto es otro y las necesidades, el pensamiento, la tecnología y el conocimiento la han cambiado. Los estudiantes buscan otro tipo de educación con herramientas totalmente distintas que las de los años cincuenta.

Cuando estudié en Harvard, no había alumnas mujeres, solo hombres. Existía un programa de maestría para mujeres casi idéntico, pero con un horario distinto para evitar el contacto entre los géneros. Solo había un estudiante negro que estudiaba un doctorado porque aspiraba a ser profesor de Harvard. En el segundo año estaba Antonio Enríquez Savignac, un hombre brillante, con enorme sentido del humor, que fue el primer director de Fonatur, después secretario de Turismo y primer mexicano en ocupar la Secretaría de la Organización Mundial de Turismo de la ONU. Un amigo inolvidable. Éramos muy pocos los estudiantes extranjeros, ya que la mayoría eran estadounidenses. Solo éramos tres mexicanos: dos de primer año y uno de segundo, los primeros en estudiar Administración en Harvard. También tuvimos un compañero peruano y dos españoles que fueron de los primeros en dejar su país para estudiar en Harvard. No había asiáticos, salvo un filipino que hablaba español. También asistían a las clases algunos estudiantes canadienses. Había australianos, muchos ingleses, franceses y pocos alemanes.

La campaña para los donativos es constante, no solo durante los días de las reuniones quinquenales. En Estados Unidos los donativos son deducibles y cada año logran recaudar lo suficiente para mantener las instalaciones al día y para garantizar los mejores salarios posibles para los profesores.

Hace 35 años fui uno de los fundadores de la Fundación Harvard en México, que recaba fondos para ayudar económicamente a los mexicanos aceptados en programas de maestría, sin importar la disciplina a la que se hayan inscrito. La fundación no financia la maestría completa, por ello es necesario que los estudiantes tengan otros apoyos como los que otorga la OEA o la beca Fulbright, o alguna de cualquier otra institución, para completar los recursos necesarios.

Desde hace tres décadas, son más o menos 40 mexicanos los beneficiados por la fundación cada año. La fundación no selecciona a los alumnos, no los evalúa académicamente, de eso se encargan las facultades. Una vez que los aspirantes son aceptados, pueden solicitar el apoyo con nosotros.

Al terminar sus estudios, los estudiantes que recibieron su apoyo deben rembolsarlo en los plazos y formas en que deseen, a fin de financiar así a una nueva generación de estudiantes. Entre el 90 y 95% de los estudiantes cumple con el pago, y solo el 5% no lo hace por razones insólitas, y pronto desaparecen. En la actualidad, las solicitudes de mujeres y hombres están a la par.

Cuando se fundó Harvard en 1636, la Iglesia protestante en Estados Unidos tenía gran influencia. Una de las primeras escuelas que se fundaron fue la Escuela de la Divinidad, cuyo fin era preparar pastores. Ahora su alcance es mucho más amplio.

Anécdota: en México, nadie había solicitado la beca para ese tipo de estudios hasta que llegó un joven yucateco que era pastor de una agrupación evangélica y se dedicaba a la autoconstrucción de casas para su feligresía. Solicitó la beca para ir a Harvard a cursar estudios teológicos y se la otorgamos. Era una persona muy peculiar pero interesantísima.

III

Entre la UNAM y Aurrerá

En 1959, un año después de mi regreso a México, comencé a dar clases en la Escuela —hoy Facultad— de Contaduría y Administración de la UNAM, gracias también a circunstancias relacionadas con General Popo.

El auditor interno, contador público de nombre Juvencio Flores, era profesor en la facultad. Sabía de la maestría que había cursado en Harvard y me comentó que en la UNAM acababan de abrir la carrera de Administración. En ese entonces, solo el Tecnológico de Monterrey ofrecía la carrera, pero la UNAM decidió instituirla en la Escuela de Contaduría porque muchos graduados en Contaduría Pública deseaban también ser administradores.

Las autoridades de la facultad establecieron ciertos requisitos: si habías estudiado Contaduría, solo bastaba con tomar las nuevas materias contempladas en la carrera de Administración, y así los alumnos interesados podían titularse también en esta disciplina. Muchos de los primeros egresados de Administración ya tenían el título de contadores.

El maestro Flores me llevó a la universidad y el secretario de la Escuela expresó su interés en que diera clases; además, me ofreció una materia que no habían podido cubrir, llamada algo así como «Banca, mercados y crédito». Asimismo, tenía la libertad de diseñar el programa y el método de enseñanza que yo quisiera, lo urgente era cubrir esa materia. La única condición fue que comenzara esa misma noche, en horario de ocho a nueve, en Ciudad Universitaria.

Mi primera experiencia dando clases fue impactante. Nunca me había dirigido a un público de más de 60 estudiantes, muchos de los cuales eran de mi edad o mayores. Pero mi paso por Harvard me sirvió: decidí introducir el método de casos para mi clase, tal como lo estudié.

El método era sencillo: todos los alumnos del curso debíamos leer el mismo texto que desarrollaba un caso empresarial concreto. En la siguiente sesión, el maestro elegía a un alumno para que resumiera el caso y planteara sus reflexiones. A partir de ese momento, el resto de los alumnos comenzaba a cuestionar al ponente, quien debía defender sus argumentos.

El maestro solamente moderaba la discusión. El método no estaba diseñado para que uno memorizara el caso que se discutía, sino para aprender a pensar, analizar, cuestionar, diagnosticar problemas y plantear opciones para resolverlos.

En la segunda mitad de la década de 1950, un grupo de exalumnos de Harvard en México fundó una modesta institución para la capacitación de ejecutivos; como era privada, se cobraba a los asistentes. Tenían la inquietud de crear casos mexicanos para exponerlos, leerlos y analizarlos dentro del contexto y la realidad del país. Para mi clase, pedí permiso a esta institución y utilicé varios de esos casos.

Los imprimíamos en stencil, por lo que algunas páginas se veían muy bien y otras no. Los estudiantes se sorprendían con el método de casos, porque se daban cuenta de que para situaciones reales no había una solución única y que los problemas se podían abordar desde distintas perspectivas.

Ser maestro de la UNAM fue una experiencia absolutamente gratificante. Estuve como profesor de asignatura más de 30 años. Convivir con una población tan grande y heterogénea, de diversos orígenes sociales y económicos, y contrastantes antecedentes familiares y personales, fue una gran enseñanza para mí.

Lo primero que hice al iniciar mis clases fue cambiar el nombre de la materia de «Banca, mercados y crédito» a «Mercadotecnia». Durante algún tiempo, esto propició cierta confusión, pues se debatía en la facultad si la mercadotecnia se refería a la investigación de mercados o a la planeación de ventas (ya existía una clase sobre ese tema). Al final, el tema de ventas quedó dentro de la mercadotecnia.

Durante años estuve comprometido impartiendo clases, dirigiendo tesis y participando como sinodal en numerosos exámenes profesionales, hasta que me retiré simplemente porque ya no tenía tiempo. Mis actividades profesionales eran demasiado absorbentes. Afortunadamente, con el tiempo se incorporaron nuevos maestros de mercadotecnia.

Hubo uno que había hecho su maestría en la Universidad de Texas y enseñaba con un método distinto al mío. Así, se crearon dos corrientes en la Escuela. La suya era mucho más teórica, hasta filosófica, y no utilizaba el método de casos. Era una persona muy inteligente, pero siempre sintió que éramos rivales. No obstante, cada uno tenía su propio método, y lo más importante es que tanto sus alumnos como los míos salían con una preparación similar, aunque con distinto enfoque, lo cual también era valioso.

Además de trabajar en General Popo, y antes de empezar a dar clases, siempre andaba buscando algo más. Como salía a las 5 de la tarde, me di cuenta de que podía estudiar otras cosas. Entonces me inscribí en la Escuela Nacional de Antropología e Historia (ENAH) que por entonces estaba en el Museo de Arqueología en la calle Moneda.

Ahí asistí a cursos con Miguel Covarrubias, quien, a pesar de estar muy enfermo, continuaba impartiendo Arte prehispánico. También recuerdo a Wigberto Jiménez Moreno; a Pablo Martínez del Río, quien impartía Prehistoria; y a Pedro Armillas, arqueólogo. No estuve más de seis u ocho meses, pero me acerqué a distintas áreas de conocimientos que me siguen interesando hasta la fecha.

Aproveché las excursiones que la ENAH organizaba para visitar sitios de interés arqueológico, artístico e histórico. En esas excursiones entablé una amistad con un médico investigador en fisiología, David Erlij, con quien compartí una enriquecedora y afectuosa amistad durante décadas.

También por esos años me organizaba para ir al Colegio Nacional —fundado en 1943— a escuchar a sus miembros. La institución organizaba conferencias para todo público con entrada libre. En ese entonces, el Colegio tenía apenas 12 miembros. Asistí a las pláticas de varios de ellos.

Me tocó estar presente en algunas conferencias que dictó Diego Rivera; era sensacional, mentiroso, ocurrente; decía barbaridad y media; era divertido; se permitía todo. Los asistentes sabíamos que exageraba, que inventaba y que contaba cosas de sus colegas que seguramente nunca sucedieron, pero era un deleite.

A José Vasconcelos lo vi solo una vez y era muy aburrido, era de los miembros fundadores del Colegio Nacional y escribía mucho mejor de lo que hablaba. Carlos Chávez no impartía conferencias; más bien, organizaba conciertos de música clásica y música mexicana de concierto que eran muy bien recibidos por el público.

Con excepción de Diego Rivera, que abarrotaba la sala, lo cierto es que asistía muy poca gente a ver a estos grandes personajes. Por ejemplo, para escuchar al historiador Silvio Zavala o al astrónomo Guillermo Haro, apenas íbamos seis. Sin embargo, eran espacios de divulgación de la cultura que no tenían desperdicio.

Mi formación académica me permitió desarrollarme con una estructura mental de administrador. Me gustaban las finanzas y la mercadotecnia, ámbitos en los que me desarrollé profesionalmente luego de mi regreso a México. Por supuesto que, por entonces, no pasaba por mi mente incorporarme a la actividad editorial.

Sin embargo, mi experiencia profesional en temas administrativos resultó muy útil cuando se cruzó el mundo editorial en mi vida. Esa herramienta, junto con mi permanente interés por la lectura y los libros, me dieron una perspectiva distinta, pragmática y realista cuando se presentó el momento de ingresar en el universo de los libros: reuní los números, las estadísticas y los balances con las letras.

Como lo mencioné anteriormente, comencé como administrador en una empresa manufacturera —General Popo—, luego me sumé a una empresa comercial, Aurrerá, y de ahí siguió el mundo editorial. ¿Por qué ámbitos tan distintos? Considero que se debió a que siempre me gustó el conocimiento.

Crecí con una curiosidad innata y tenía intereses diversos, como la flora, la fauna, los insectos, la medicina, la salud pública, la música, el cine, la pintura, la ciencia y la tecnología. Aunque nunca quise dedicarme profesionalmente a alguna de estas disciplinas, siempre me pareció necesario y enriquecedor conocer el mundo en que uno vive.

A principios de la década de 1960, tres hermanos comenzaron un negocio que rápidamente se convirtió en un fenómeno mercantil en México. Jerónimo, Plácido y Manuel Arango fundaron Aurrerá. Su lema «Cambiando los hábitos de compra de una nación» no era un eslogan publicitario más, sino una realidad. Y aunque con el tiempo decidieron retirarlo porque les parecía demasiado pretencioso, lo cierto es que revolucionaron el comercio a partir del concepto de autoservicio.

Mi relación profesional con los Arango surgió de manera fortuita, hasta cierto punto. A finales de 1962, seguía trabajando en General Popo; para entonces, ya había iniciado mi carrera como profesor de asignatura en la UNAM, en la Escuela de Contaduría.

En esa época, Aurrerá era todo un fenómeno comercial y se me ocurrió pedirle a Manuel que fuera a dar una plática a la universidad para compartir con mis alumnos el caso de su empresa, cómo surgió, sus experiencias con la primera tienda, sus conocimientos, sus problemas y soluciones.

Manuel me dijo que no era bueno para hablar en público y me sugirió que le extendiera la invitación a su hermano Plácido, quien, a su juicio era la persona ideal para lo que yo necesitaba: tenía facilidad de palabra, explicaba con claridad y entusiasmaba a quienes lo escuchaban.

La presencia de Plácido en la universidad fue un éxito por sus cualidades de orador y por las experiencias compartidas con los alumnos, quienes disfrutaron su presencia. También influyó el hecho de que no era común que un empresario de la iniciativa privada fuera a charlar con ellos, y menos uno de los fundadores de Aurrerá.

La única condición que puso Plácido para ir a la universidad fue que yo pasara por él a Polanco porque se perdía en Ciudad Universitaria. En el camino de ida y vuelta platicamos de diversos temas, pero uno en particular nos entretuvo: el arte. Con el tiempo, Plácido se convirtió en un gran coleccionista y llegó a ser uno de los patronos más importantes del Museo del Prado.

De vuelta en su casa, me invitó a pasar para seguir conversando; además, quería mostrarme algunas obras que había adquirido. Tenía un ojo magnífico, casi un talento natural. A partir de ese momento nos hicimos buenos amigos; unos días después me buscó para ofrecerme trabajo.

Me comentó que Aurrerá estaba creciendo muy rápido y necesitaban trabajar con más detalle en su organización y administración. Me entrevisté con Jerónimo, presidente de la compañía, quien era el único de los tres que me faltaba conocer. Me ofreció el puesto de director de Organización.

Las circunstancias me favorecían. Al mismo tiempo, otro amigo me ofreció trabajo en una compañía de radiodifusión. Si bien el tema me llamó la atención, ya estaba entusiasmado con la oferta de Aurrerá por lo novedoso que resultaban en esos momentos las tiendas de autoservicio.

Sabía que en General Popo había llegado a mi tope dentro del organigrama de la empresa. Ya no había posibilidad de crecimiento, puesto que el director general era un estadounidense que no se iba a ir nunca de la empresa. Yo traía muchas inquietudes, así que la propuesta de incorporarme al fenómeno Aurrerá me sedujo y acepté.

Comencé a trabajar en Aurrerá a principios de 1963 en Organización (más tarde agregaron Planeación). En esos momentos, el comercio en sí mismo no era visto como una verdadera profesión, sino acaso como un oficio, ya que no tenía *glamour*; no era como ser abogado, ingeniero o arquitecto. Así que no poca gente pensó que estaba desperdiciando mi formación académica.

En mis clases en la universidad trataba de motivar a mis alumnos para que buscaran trabajo en Aurrerá, pero también ellos veían el comercio con cierto desdén, y no por una cuestión de clase, simplemente no les parecía un trabajo digno de alguien egresado de la UNAM.

Con el tiempo, y sobre todo gracias al crecimiento exponencial que tuvo Aurrerá en los siguientes años, logramos cambiar esa percepción. En la empresa estábamos comprometidos con la profesionalización, pues sabíamos que sin gente preparada académicamente no había posibilidad de crecer de manera ordenada, metódica y rápida. No tardaron en incorporarse egresados de ingeniería, economía y de otras facultades de la UNAM y de la Ibero.

En esos tiempos, en México, no había nada parecido a Aurrerá. Incluso me tocó otra de sus grandes innovaciones. En 1964 abrieron el primer restaurante Vips en Lomas de Sotelo. Los hermanos Arango no tenían ninguna experiencia en la industria restaurantera, pero aprendimos sobre la marcha. Yo tuve que encargarme de crear el manual de organización de un restaurante. Junto con mi equipo, redacté el manual para todos los puestos y funciones, desde cómo se ponía una mesa hasta los uniformes del personal y otros diversos detalles.

Desde el área de Organización y Planeación, contribuimos a desarrollar la logística para el crecimiento de la empresa. Todos los días era un reto distinto y francamente me provocaba mucha emoción involucrarme en las diversas actividades. Había otras personas con títulos universitarios que, como yo, aprendíamos sobre el negocio del comercio al menudeo en el que, al menos yo, nunca había estado.

Nada más ajeno a mi experiencia laboral con un fabricante de llantas que el comercio, el autoservicio y los restaurantes al estilo de las cafeterías norteamericanas, como los Vips. Sin embargo, debido al rápido ritmo de trabajo y crecimiento, no había tiempo para divagar.

La empresa exigía mucho a todo el personal e íbamos haciendo una pirámide de conocimientos que incluía las bases sobre cómo trabajar en una empresa de ese tipo: la descripción de funciones de los empleados de cada área, la redacción de los manuales de organización y operación.

Durante esa época, entré al campo de la edición con los textos y manuales que teníamos que redactar y editar. Escribía, revisaba y corregía. Contaba con colaboradores que se dedicaban a observar cómo se desarrollaba el trabajo en las distintas áreas y luego regresaban a la oficina para describirlo en manuales de entrenamiento.

Los Arango estaban completamente comprometidos con estos procedimientos para darle forma y sustento al modelo Aurrerá, a su profesionalización y a su perfeccionamiento, porque siempre aspiraban a la excelencia hasta en los más pequeños detalles.

Procuraron el desarrollo del personal, su capacitación y mejoramiento, incentivando que la gente se especializara e incluso tomara cursos fuera de México. También solían organizar una reunión fuera de la oficina, donde se podía platicar de los problemas de los empleados y se recurría a todos los especialistas que fueran necesarios, incluyendo a una trabajadora social para orientar al personal sobre sus derechos laborales y el aprovechamiento de las prestaciones como el IMSS.

Mi área se llamaba «Organización y Planeación». Mi trabajo en la universidad fue de gran apoyo, dado que entre mi desarrollo académico y mi desarrollo profesional en Aurrerá había compaginación.

Cuando ingresé a Aurrerá, además de todas las líneas de productos que ofrecían a los consumidores —desde alimentos, artículos para el hogar, ropa, juguetes y demás—, también ofrecía un producto que parecía completamente ajeno a la naturaleza propia de los supermercados: libros.

Aurrerá comenzó a vender el diccionario Salvat bajo un modelo muy novedoso. Todos saben que Salvat vendía sus libros de puerta en puerta y en cómodas mensualidades; además, su especialidad eran los títulos de medicina. Sin embargo, en España, alguien de Salvat tuvo la gran idea de ofrecer a las familias un Diccionario enciclopédico, en varios tomos.

El director de Salvat México era José Luis Rosas, un joven muy inteligente y audaz que decidió ofrecerle a Aurrerá el Diccionario. Los vientos soplaron a su favor porque el comprador de libros de la empresa era todo un bibliómano; su papá era un vendedor de libros de puerta en puerta y, por lo tanto, se había formado en un ambiente de libros para leer, comprar y vender.

El comprador de Aurrerá se llamaba José Luis González. Era un hombre extraordinariamente divertido, con un sentido del humor fantástico, e hijo de padres españoles. A pesar de haber nacido en Tepito, un barrio en la Ciudad de México, hablaba con la «z» y todo el mundo se burlaba, pero a él no le importaba. Era un gran lector, egresado de la Facultad de Filosofía y Letras. José Luis acogió e impulsó la venta de libros en Aurrerá con gran éxito.

Ese modelo de venta de libros en los autoservicios me impresionó y más adelante lo adopté bajo otras circunstancias. Trabajé siete años en Aurrerá y cada minuto fue enormemente compensado por todo lo que aprendí.

IV

La formación de un editor: *Expansión*

Siempre me he considerado un administrador a pesar de que buena parte de mi vida profesional fui editor. Pero lo que despertó esta otra faceta fue el interés y la pasión por los libros que han estado presentes a lo largo de mi vida.

Nunca ha dejado de interesarme lo que pasa en el mundo de los libros y creo que esa franca vocación encontró su cauce definitivo cuando llegué a la editorial de la revista *Expansión,* donde editaban publicaciones especializadas en negocios, empresas, economía y comercio.

Estaba por iniciar la década de 1970, seguía entusiasmado dentro de grupo Aurrerá y continuaba con mis clases en la universidad. Durante esos días me reuní casualmente con un excompañero de primaria, ahora abogado.

Me invitó a un coctel y me presentó a un estadounidense, también egresado de Harvard, llamado Harvey Poppel. Aunque era mayor que yo, como exalumnos de Harvard y de la misma escuela, de inmediato nos entendimos.

A Harvey siempre le había interesado América Latina y la vida lo había llevado a establecerse en Argentina, por lo que hablaba bien el español. Al llegar a Buenos Aires, se percató de que no existía un periódico, una revista o incluso un boletín que ofreciera información económica y financiera a los empresarios argentinos, al menos no con el nivel de excelencia que él buscaba.

No contaban con ninguna publicación que abordara la situación económica del país y de cada sector, y que mostrara los indicadores macro y microeconómicos. Nadie había pensado en ofrecer alguna publicación con datos breves y concisos que facilitara las decisiones a los empresarios sin tener que leer páginas y páginas de finanzas en los periódicos tradicionales.

Esto lo llevó a crear un boletín semanal sobre finanzas que desarrollaba personalmente de la A a la Z. Hacía todo: recababa la información, la redactaba, diseñaba la publicación, la imprimía en una pequeña máquina de *offset* y contrataba repartidores para entregar el boletín. Se encargaba personalmente de ofrecer su publicación a las empresas y, como era un extraordinario vendedor, se presentaba en una compañía y salía con una suscripción vendida.

Era una publicación cara, pues de los ingresos debían salir todos los gastos de operación y, además, su propio salario. Harvey pensó que la mejor forma de llevar a cabo su idea era a través de la venta de suscripciones de precio elevado. El boletín fue un éxito; se sintió a gusto en Argentina e incluso contrajo matrimonio en aquellas tierras.

Todo marchó bien hasta que estalló una crisis económica que lo obligó a buscar nuevas oportunidades fuera de Argentina. Decidió emigrar a México para replicar el modelo de su publicación, y así lo hizo. Harvey se encargó de editar un boletín semanal con las mismas características, se llamaba *Análisis Económico*, exclusivamente para empresas y por suscripción. No se podía conseguir ni en librerías, ni en quioscos, ni en puestos de periódicos.

Al cabo de un tiempo, armó un equipo editorial, contrató al mejor periodista de negocios que había entonces, John Christman, quien trabajaba en *The News*, el periódico en inglés que publicaba *Novedades*. John era un periodista agudo, perspicaz, simpático y con un amplio conocimiento en la materia. Había estudiado periodismo y se encargaba de los contenidos del boletín.

Harvey era un visionario y, tras el éxito del boletín, pensó que hacía falta en México una buena revista de negocios. Su modelo era *Business Week*, por lo que decidió hacer una publicación similar para México que llamó *Expansión*. Harvey fue el fundador de la revista que sigue circulando en la actualidad.

Una parte de *Expansión* la financió con sus propios recursos, y otra, mediante la venta anticipada de publicidad. Consiguió una lista de clientes con las principales empresas, ya que fue a ofrecerles personalmente la idea con un ingeniosísimo sistema de ventas que incluía descuentos, pago a plazos, entre otros beneficios. Le fue estupendamente bien el primer año.

Harvey era de las personas que, después de materializar un proyecto, ya estaba pensando en el siguiente. Con *Expansión* en marcha, comenzó a maquinar el desarrollo de otros productos editoriales para consolidar su crecimiento, por lo que contrató a la mejor vendedora de publicidad de México de esos años: Peggy Owen, quien había sido la vendedora estrella de *Life en Español*, revista que acababa de cerrar; al mismo tiempo, me buscó para invitarme a trabajar con él.

Le respondí que por el momento estaba a gusto en Aurrerá y, además, que difícilmente podría pagarme lo que yo ganaba. No aceptó mi negativa y me reviró de inmediato ofreciéndome un salario mayor al que recibía y el 25% de las acciones de la editorial.

Me atrajo la propuesta no solo por la cuestión económica, también porque con el ánimo de aprender cosas nuevas me entusiasmó participar en el campo editorial, crear algo nuevo y conocer con más detalle lo que estaba pasando en el país: el crecimiento económico y empresarial de finales de los años sesenta y principios de los setenta. Quería ser parte del proyecto de Harvey y conocer más ese mundo.

A lo largo de mi vida, me ha interesado la gente. Me importa saber a qué se dedica, sus actividades; pero, antes que nada, conocer qué mueve a las personas, sus motivaciones, cómo funcionan, cómo enfrentan los problemas cotidianos y lo que la vida les va poniendo enfrente. En otras palabras, había llegado un nuevo reto para mí.

Me reuní con los hermanos Arango para comunicarles mi decisión. Por entonces, estaban haciendo todo lo necesario para que la empresa pudiera cotizar en la bolsa de valores y para que los empleados tuvieran acceso a acciones como parte de sus prestaciones, pero era un proceso largo que tomaría de dos a tres años.

Reconocieron que por el momento no podían hacerme una oferta atractiva para que permaneciera en la empresa y entendieron mis consideraciones para dejar Aurrerá y seguir mi camino.

Desde luego fue una decisión difícil para mí porque realmente estaba contento en la empresa. Haber estado en Aurrerá significó mucho por el aprendizaje y la experiencia profesional, pero sobre todo porque me permitió cultivar una buena relación con Jerónimo y Plácido, y una profunda amistad con Manuel Arango.

Comencé a trabajar con Harvey Poppel y desarrollamos dos revistas: *Obras* —para la industria de la construcción— y *El Comerciante Moderno*. Fueron años de otro tipo de aprendizaje en los que me dediqué, por una parte, a vender publicidad —siempre con una presión enorme— y, por la otra, a desarrollar un nuevo producto editorial de la misma calidad que *Expansión*. Esta nueva revista era quincenal y, debido a su éxito, pronto pasó a imprimirse semanalmente.

El trabajo era arduo, pues seguíamos editando el boletín. Al acercarse el fin de año, editábamos un anuario por cada sector económico: financiero, minero, industria eléctrica, industria del vestido, y además hacíamos un compendio de todo lo publicado en el año. Era un trabajo titánico porque nuestro compromiso de entrega era la primera semana de enero.

Al principio imprimíamos en la oficina, pero no tardamos en contratar los servicios de una imprenta por el tipo de encuadernación que exigía el anuario, de modo que ganamos en tiempo, dinero y esfuerzo.

Como exalumnos de la Escuela de Negocios, sabíamos de la existencia de una revista editada por la universidad, *Harvard Business Review*. La publicación era de prestigio; sus artículos eran escritos en primera instancia por profesores de Harvard, aunque también participaban académicos de otras universidades.

La revista ofrecía un material invaluable y decidimos que debíamos traducir algunos de sus artículos y publicarlos en *Expansión*. La universidad nos dio el permiso de reproducción y, aunque a las autoridades les llamó la atención nuestra solicitud —les parecía una locura—, lo más asombroso era que nunca habían dirigido la mirada hacia el mercado latinoamericano.

Fuimos los primeros en traducir al español los artículos de la *Harvard Business Review*. En ocasiones resultaba muy difícil la traducción porque había textos en los que se establecían conceptos que eran fáciles de entender en inglés, pero no había una traducción literal al español, por lo que era necesario explicarlos con sumo detalle. En un principio yo traducía. Luego sumamos gente que nos ayudaba, y además, me tocaba revisar buena parte del contenido de *Expansión*. Luego sumamos editores.

En México había empresas, negocios y empresarios que pagaban para aparecer en publicaciones que se presentaban como especializadas en la materia. Eran de mala calidad en cuanto al contenido, pues aprovechaban el ego de los empresarios para venderles espacios sin importar si las empresas que dirigían aportaban algo a la economía mexicana.

Algunas agencias de publicidad o funcionarios de las propias empresas se comunicaban con nosotros para preguntar cuánto cobrábamos por una portada dedicada al director de una empresa o al dueño de una compañía. Nuestra respuesta era contundente: «No cobramos nada. Tenemos que reunirnos con la persona, platicar con ella, ver qué está haciendo su empresa y saber por qué cree que reúne los méritos para salir en la portada». Desde luego, las agencias nos mandaban a volar de inmediato, pero ese principio de trabajo nos abrió muchas puertas y oportunidades.

El medio empresarial y comercial sabía que nosotros decidíamos libremente sobre qué compañía nos interesaba escribir, a quién le dábamos la portada y cuáles eran las razones para hacerlo. Siempre fuimos rigurosos con esa política. Lo único que vendíamos era publicidad y suscripciones. Pronto se corrió el rumor de que las empresas y empresarios que aparecían en nuestras publicaciones lo hacían porque realmente lo merecían, lo cual llamaba mucho la atención en el medio.

Expansión fue mi primera experiencia personal en el trabajo editorial: debíamos publicarla cada quince días, mientras que *Análisis Económico* se publicaba semanalmente. Me correspondía leer todo lo que se iba a publicar. Cuidaba la edición. Los directores de cada una de nuestras publicaciones me entregaban los artículos por publicar para conocer mi opinión.

Escritores *freelance*, estudiantes de Periodismo, Historia o Economía se presentaban a solicitar trabajo. Encargábamos artículos y pagábamos muy bien a la entrega, por eso muchos escritores querían trabajar con nosotros.

Ampliamos nuestra cartera de fotógrafos, porque cada artículo debía ir ilustrado por una o varias imágenes de las empresas. Si era una compañía minera, por ejemplo, enviábamos al fotógrafo a que hiciera un portafolio de las minas, los mineros, las instalaciones y las herramientas propias de su trabajo.

También contábamos con un equipo de investigadores que iban a consultar los anuarios, las estadísticas, las tablas o los resúmenes que proporcionaban la Secretaría de Economía, la Secretaría de Hacienda, la Dirección General de Geografía y Estadística, y el Banco de México, instituciones que contaban con la información más fidedigna a principios de los años 70, la cual estaba disponible al público. También investigaban en las distintas cámaras empresariales.

El secreto de *Expansión* fue la forma en que Harvey diseñó la venta de publicidad. Ofrecíamos publicidad anual y presentábamos las tarifas para que las empresas se anunciaran. Podían hacerlo una sola vez, varias veces o durante todo el año, y conforme aumentaban sus anuncios, se les otorgaba un mejor descuento.

Harvey les ofreció a los primeros anunciantes un descuento especial, además de darles facilidades: podían pagar sus anuncios en abonos o si los liquidaban en una sola exhibición, se les otorgaba otro tipo de descuento. Ahí me percaté de que, en la mayoría de los casos, el éxito de una revista radica en tener vendido por completo el número siguiente antes de su publicación: la venta de publicidad y de suscripciones son fundamentales.

Otra estrategia fue la exclusividad. Nuestras publicaciones solo llegaban a los suscriptores. No había forma de conseguirlas en ningún otro lugar: la circulación estaba controlada y se anunciaban importantes empresas exitosas y rentables, lo cual le daba a los nuevos clientes una razón más para comprar publicidad, porque de esa forma formaban parte de una comunidad.

Otro de los aciertos de las ediciones de *Expansión* fue que generaban confianza entre los suscriptores. Ninguno de los artículos se escribía para denunciar. Eran textos con datos duros, cifras y estadísticas que permitían a los clientes tomar decisiones de inversión, financieras y comerciales.

Todos los clientes sabían que ninguno iba a recibir un «periodicazo» por lo que publicábamos. Por ende, tampoco permitíamos que ningún anunciante se inmiscuyera en el contenido editorial: a ningún suscriptor o anunciante le enviábamos los artículos antes de publicarlos para que dieran su visto bueno, aunque se tratara de su propia empresa. Lo único que verificábamos con ellos eran las cifras.

Las publicaciones se ganaron rápidamente una buena reputación en el medio empresarial y nos hicimos de un buen prestigio. Yo era el editor general y logré armar un buen equipo editorial mientras Harvey viajaba a otros países en Latinoamérica para explorar la factibilidad de replicar el modelo.

Crecimos con rapidez y fue necesario contratar a una persona dedicada a la mercadotecnia, pues ya teníamos alrededor de cinco publicaciones y nuevas ideas a punto de tomar forma. Invité a *Expansión* a un compañero con el que había trabajado en Aurrerá. Había estudiado Administración de Empresas en la Iberoamericana, que también incorporó por esos años la carrera, y fue uno de sus primeros egresados. Me conocía bien, le ofrecimos un buen salario e ingresó como director de Mercadotecnia.

Hacia 1974, Harvey se había ido a vivir a Brasil para abrir *Expansão* y desarrollar el boletín económico que tanto éxito había alcanzado en Argentina y México. Yo estaba a cargo de la operación en México, pero siempre en contacto con Harvey. En la Semana Santa de ese año, tomé unas vacaciones. Me encontraba en París y recibí la llamada de una persona de la empresa que me pidió regresar de inmediato porque Harvey se encontraba en México y, al parecer, la persona que yo había llevado a *Expansión* —sí, mi antiguo compañero en Aurrerá—, preparaba un golpe en mi contra. Tomé el primer vuelo que encontré, pero fue demasiado tarde.

Harvey creyó lo que le dijo mi compañero y en la última reunión que tuve con él me expresó con enojo que no podía tolerar la situación porque él era el fundador de la empresa, él había empezado el proyecto, él me había invitado a sumarme a su equipo; pero, sobre todo, no podía soportar que yo fuera identificado en el ambiente editorial como el «Señor Expansión». «Solo puede haber uno —dijo—, y ese soy yo».

Luego de que se oficializó mi salida, algunos ejecutivos de *Expansión* me buscaron y me dijeron que se iban conmigo, que iniciáramos otra revista similar, pero les respondí que no. El proyecto de Harvey era un buen producto, muy rentable y todos vivían de él. Yo no podía asumir una responsabilidad tan grande, además no me parecía ético. Preferí irme de la empresa en buenos términos y, a mi juicio, quedamos tablas.

Expansión siguió creciendo, siempre fue exitosa y desde luego me dolió separarme de un proyecto al que le tomé cariño, que disfruté mientras duró y del que aprendí mucho.

Curiosamente, 15 años después de no hablarnos, en una ocasión Harvey me llamó y me pidió que nos reuniéramos. Acepté. Charlamos durante un par de horas y dijo que mi salida de la empresa —por su decisión— había sido el error más grande de su vida. Me contó cómo el director de Mercadotecnia —quien intrigó con éxito en mi contra— había hecho y deshecho dentro de la empresa, que se volvió un verdadero dolor de cabeza y que le costó mucho dinero deshacerse de él porque era propietario de las acciones de la empresa que yo había dejado. Harvey se disculpó una y otra vez conmigo.

Tiempo después, Harvey vendió *Expansión*, primero a Walt Disney que estaba creciendo en el área de comunicaciones; obtuvo buen dinero por la transacción y todos los que estaban en el equipo se beneficiaron y qué bueno porque durante años le habían entregado cuerpo y alma.

Años después, *Expansión* fue vendida a varios grupos, incluso a un buen amigo, Clemente Serna, de Radio Programas de México. Finalmente la compró un gran consorcio americano.

V

Promexa

Durante el tiempo que estuve en *Expansión*, hice una muy buena relación profesional y amistosa con Rafael de Yturbe. Era administrador por la Ibero, con una maestría en la Universidad de Arizona. De carácter afable, simpático, abierto y, sobre todo, inteligente, cualidades que le permitieron ser un excelente emprendedor.

Los dos habíamos comenzado un negocio dentro de *Expansión* —que también entusiasmó a Harvey— y consistía en la impresión de la obra gráfica de artistas contemporáneos en ediciones limitadas, firmadas y numeradas que ofrecíamos a los clientes de nuestra cartera. Gracias a la calidad de la impresión, resultaron ser objetos de regalo y se vendieron muy bien. Ese negocio también me lo cedió Harvey.

Cuando informé al equipo de *Expansión* sobre mi salida, Rafael fue muy tajante y anunció que se iba conmigo y que me seguiría a cualquier actividad nueva a la que me dedicara. A diferencia de otros compañeros, no tenía obligaciones familiares, salvo su esposa. Así que pudo dar ese paso sin titubear. Decidimos asociarnos y formar una empresa enfocada en las gestiones de la edición, llamada Promociones Editoriales Mexicanas (Promexa). En ese entonces, era el año 1974.

Durante esos días, vi un anuncio en una revista literaria estadounidense que decía: «Libros por teléfono. Llámenos y pida el libro que usted quiera», y se me ocurrió que podíamos replicar el modelo en México, ya que en esa época había pocas librerías en la ciudad.

Nos pusimos a trabajar en el primer catálogo. Escogimos títulos de diversos temas que podían servir como regalos: arte, historia, biografías. El mecanismo era el siguiente: enviábamos el catálogo a una lista de clientes; si alguno encontraba algo de interés, llamaba para ordenar uno o varios títulos, tomábamos el pedido, conseguíamos los títulos en las editoriales respectivas, los envolvíamos para regalo y los entregábamos a domicilio. Era el mismo procedimiento que habíamos desarrollado para la venta de las impresiones de obras de arte.

No teníamos una bodega con todos los títulos. Para armar el catálogo y saber qué podíamos ofrecer sin problema, visitamos un sinnúmero de editoriales, lo cual significó mi primer contacto directo con el mundo editorial mexicano y, por supuesto, mi acercamiento a las más importantes, como Fondo de Cultura Económica, Siglo XXI, UNAM, Editorial Jus, entre otras. Registrábamos los títulos, fotografiábamos las portadas, pero no comprábamos nada hasta que hubiera un pedido; esto nos permitió conocer y negociar con la gente de las editoriales.

«Libros por teléfono» fue bien recibido. La mayoría de las editoriales nos apoyó porque uno de sus problemas era la distribución y nosotros ofrecíamos una nueva forma de distribuir. Esta experiencia nos permitió confirmar que otro problema, además de la distribución de libros, era la falta de difusión y de puntos de venta. Era la década de 1970.

Como se acercaba la temporada navideña, hicimos el catálogo con un papel de buena calidad, el cual se doblaba en partes, se engrapaba y en una de las caras se rotulaba la dirección del cliente. Enviamos más de 1 000 catálogos, la mayoría a viejos clientes de *Expansión*, y de inmediato comenzaron a llamar, unos para anticipar sus regalos navideños, otros para solicitar libros que no podían conseguir, y como nuestro lema era «Si usted no lo encuentra, nosotros lo encontramos para usted» —la mayoría de las veces lo hicimos—, nos llenamos de pedidos.

Comenzamos a conseguir los libros y a entregar los pedidos, pero conforme se acercaba la Navidad, todo se volvió una locura porque nuestra empresa solo tenía tres empleados: Rafael, una secretaria y yo; por las noches nos echaba la mano la esposa de Rafael, quien envolvía los libros.

Las ventas no eran malas; no obstante, el trabajo era arduo porque los clientes hacían pedidos desde un ejemplar para lectura personal hasta pedidos de diez, veinte o cincuenta libros para sus regalos navideños empresariales. Nuestra primera gran venta fue para una compañía que nos hizo una solicitud de último minuto —comenzaban las posadas y el periodo vacacional—: quería 40 ejemplares de *Los calendarios prehispánicos*, de Alfonso Caso, editado por la UNAM (1967). Era 16 de diciembre, hablamos a la universidad y nos dijeron que ya estaban de vacaciones. Rafael, que nunca aceptaba un «No» como respuesta, respondió que las vacaciones comenzaban hasta el día siguiente y que en ese momento iría a comprar en efectivo los 40 ejemplares, y lo logró.

Le llamamos al cliente para confirmar que teníamos su pedido y no podía creerlo. Nos dio las gracias y colgó, pero a los 5 minutos volvió a marcar: «Una pregunta, ¿pueden conseguir champaña? Porque necesito tres cajas». Sin meditarlo siquiera, respondimos que sí. Por fortuna, Rafael tenía un conocido que distribuía vinos importados, licores y, por supuesto, champaña.

Nos dimos cuenta de que había todo un mercado para productos de regalo y por temporada, cuyo cliente potencial eran las empresas. Algunas compañías bien organizadas comenzaban a comprar los regalos para sus clientes desde mediados de año, aunque la mayoría lo hacía a partir de octubre.

Al año siguiente, hicimos un catálogo de productos que incluía libros, vinos y licores, plantas, objetos para el hogar y varias opciones de regalos. Para hacer frente a la época navideña, contratamos vendedoras temporales que tenían buenos contactos en el sector privado; se encargaban de visitar a los titulares de relaciones públicas y publicidad, e incluso a los directivos, para mostrarles nuestro catálogo.

Nuestro enfoque era un mercado conocido, el empresarial, que habíamos desarrollado a lo largo de los años en *Expansión*. Nuestros clientes eran empresarios, financieros, administradores, funcionarios, corporativos, además de las empresas y compañías que acostumbraban hacer regalos cada año. Sabíamos quiénes eran y qué compraban.

Era un buen negocio, aunque complicado por varias razones. La venta de libros no era problema; de hecho, era la parte más fácil. Las dificultades se presentaban en los otros tipos de regalos:

¿cómo estimar cuántas piezas nos iban a solicitar de un objeto —un jarrón, por ejemplo— que teníamos que conseguir, mandar hacer o apartar? ¿Cómo saber cuántas personas podrían estar interesadas en un determinado producto? El margen de utilidad lo determinábamos según lo que necesitáramos generar para mantener el negocio. Además, la logística de la entrega también tenía sus dificultades por el aumento de clientes.

Este negocio fue rentable y el primero que desarrollamos dentro de Promexa. Lo mantuvimos durante cuatro años y al catálogo de regalos lo llamamos Colección Marke, pero llegó el momento en el que nos preguntamos por qué no volver exclusivamente a los libros y a su distribución y edición.

Cuando fundamos Promexa, ya teníamos cierto reconocimiento en el ámbito editorial gracias a *Expansión*. Además, teníamos buenas relaciones con algunas personalidades del mundo literario, aunque sin vínculos profesionales.

Las primeras oficinas de Promexa estaban en Polanco. Nos mudamos en dos o tres ocasiones porque comenzamos a crecer y necesitábamos más espacio, sobre todo durante la primera etapa de la venta por teléfono. Llegamos a tener hasta una sala de exhibición porque el consumidor mexicano, en ese entonces, era sumamente desconfiado y necesitaba ver y tocar algunos ejemplos de los productos que comercializábamos por catálogo para animarse a comprar por teléfono. Es irónico imaginar que, en esas condiciones, la existencia de Amazon hubiera sido impensable.

Originalmente, Promexa fue una empresa que se desarrolló gracias a la importación y venta de colecciones de libros de distintos temas que estaban diseñadas para venderse en tiendas de autoservicio (un libro por semana); se trataba de que el cliente regresara a la tienda. Desde mediados de 1970 hasta finales de 1980, se desarrolló la época de oro de este modelo de distribución editorial.

Desde que comenzamos Promexa, tuvimos en mente la idea de distribuir libros para integrar una biblioteca familiar. Luego evolucionamos a la edición de nuestras propias colecciones. Debían ser obras de interés general, de consulta, obras que necesitaran los padres para ayudar a sus hijos con las tareas, con los estudios de primaria, secundaria o preparatoria, y por eso nos enfocamos en las colecciones de interés general.

Habíamos aprendido algo sobre cómo trabajan las editoriales, pero estábamos lejos de considerar a Promexa como una editorial en el sentido amplio del término. Tampoco éramos editores en forma. Por lo pronto, nos enfocamos en buscar qué ofrecerle al público a fin de que la venta fuera lo suficientemente grande para abrir nuevos puntos de venta.

Optamos por la venta de libros en autoservicios. Este modelo había sido inventado por editores italianos y españoles para vender en quioscos y llegó a México a través de Aurrerá y Salvat. No fue idea de la empresa, sino del comprador de libros que tenía Aurrerá, cuyo papá era un aficionado a los libros y conocía de primera mano la venta de casa en casa y en quioscos.

Editorial Salvat había sido el ejemplo más exitoso de la década de 1960. Si bien la mayor parte de su catálogo estaba conformada por libros médicos, habían editado un diccionario enciclopédico en 12 tomos que se vendió semanalmente en Aurrerá con una demanda inusitada, tanto que la primera impresión se agotó de inmediato y fue necesario traer de España la segunda impresión; se requirió un avión completo de la aerolínea Iberia.

En la industria editorial de entonces, había ciertos mandamientos. Uno de ellos era que toda editorial debía tener un diccionario enciclopédico, porque ese tipo de obras siempre se vende. Sin embargo, no era nuestro caso, ni estábamos en condiciones de editar uno. Además, el público ya tenía su diccionario Salvat, así que optamos por alentar la formación de una biblioteca familiar.

Volvimos nuestra mirada a la industria editorial en Europa, particularmente en España. Una de las primeras colecciones que adquirimos fue *Los Grandes de la Historia*. Era una colección ilustrada muy llamativa que se había publicado durante los años de la posguerra en Italia y se había comercializado de puerta en puerta.

Con un país en plena reconstrucción, el lector potencial no tenía dinero para comprar una colección de varios volúmenes. Por consiguiente, un vendedor se presentaba en casa; hacía una presentación de la obra; hablaba de sus bondades, del contenido, de las ilustraciones, y la ofrecía a crédito. Así, poco a poco, cada familia reunía su colección y podía sentirse orgullosa de tener en su biblioteca a los grandes hombres de la historia: pintores, músicos y otros protagonistas de la historia universal.

Este tipo de colecciones nos llamó la atención, pero la venta de casa en casa o en quioscos no era para nosotros. Entonces, apostamos por los autoservicios. Compramos colecciones que ya existían en España o estaban por publicarse y las importábamos, lo cual de vez en vez nos traía algunos inconvenientes porque había presiones por parte de la Cámara de Artes Gráficas de México, que se quejaba de que las obras que vendíamos no se imprimieran en nuestro país. Con una economía cerrada y protegida, las importaciones de productos que pudieran hacerse en México eran mal vistas.

Aun así, Promexa comenzó a crecer. Las obras que importábamos y ofrecíamos, particularmente en Aurrerá, fueron bien recibidas y se vendían muy bien. Además, se puede decir que las mexicanizábamos.

Sin importar cuál fuera el tema de las colecciones, revisábamos las referencias sobre México. Por ejemplo, había casos en los que el nombre del país aparecía escrito con «J». También procurábamos que incluyeran información sobre México y, en muchos casos, añadíamos un volumen sobre todo lo relacionado con el tema de la colección en México.

En la obra *Los pintores de todos los tiempos*, agregamos un tomo con artistas mexicanos: Diego Rivera, José Clemente Orozco, David Alfaro Siqueiros. Editamos ese volumen en México, por lo tanto, buscábamos a los artistas o a sus descendientes para los permisos y negociábamos los derechos de reproducción de las obras.

Para que el volumen editado e impreso en México no fuera diferente a los del resto de la colección, solicitábamos a las editoriales las especificaciones del papel utilizado para ver si podíamos conseguirlo aquí o, bien, buscar el más parecido. Aun cuando no fuera así, la encuadernación sí era la misma, así que, si cambiábamos de papel, las diferencias serían casi imperceptibles.

Uno de los artistas que más trabajo nos costó conseguir para la colección fue Rufino Tamayo, pero no por él, sino por su esposa

Olga, quien no estaba convencida de que Tamayo apareciera en una obra vendida «junto a los jitomates», o sea en autoservicios.

Sin embargo, el propio Rufino resolvió el problema: «Quiero estar en esa colección», le dijo a Olga. Estaba muy interesado en figurar porque los otros tres grandes muralistas lo habían ignorado en muchas ocasiones y quería estar en una obra junto a ellos.

Cada vez que desarrollábamos un nuevo proyecto editorial o diseñábamos una nueva colección, hacíamos el presupuesto y se lo ofrecíamos a Aurrerá. Siempre fluyó bien la relación con esa empresa.

A diferencia de otras editoriales que quizá solo tenían un producto que podían transformar en colección para comercializar en las tiendas de autoservicio, Promexa tenía una amplia gama de intereses y relaciones para ofrecer un mayor catálogo.

Editamos libros de historia universal, tanto de grandes hombres como de acontecimientos; colocamos *Grandes pintores de la historia* e *Historia de arte mexicano,* y para ello compramos los derechos de una obra de Herrero Hermanos que habían impreso para venta de puerta en puerta. Era una obra muy bien editada, elegante y atractiva. Fue una negociación dura. Tuvimos que darles un anticipo considerable porque pensaban que íbamos a fracasar con nuestra venta en autoservicios y querían protegerse. Cuando dijimos que del primer tomo pensábamos vender 20 000 ejemplares, nos vieron con incredulidad porque en 4 años solo habían logrado vender 8 000 ejemplares.

En una colección de venta periódica, es decir, en la que cada tomo aparece semanal o quincenalmente, es necesario considerar que nunca se va a vender el mismo número de ejemplares del primer volumen que del segundo, del tercero o de los subsecuentes. La cantidad va descendiendo, y lo difícil para la editorial es que debe calcular el descenso en las ventas y ajustar el número de ejemplares. Esto ocurre en obras de un autor que tienen dos o más partes, pero también en la venta de obras por fascículos.

En una colección titulada *Filósofos de la Historia*, obviamente saldrías a la venta con Sócrates, Platón o Aristóteles, y con un buen número de ejemplares que seguramente se venderían bien, pero ¿cuántos ejemplares podrían venderse de Kierkegaard,

Nietzsche o Locke si son el cuarto o quinto tomo de la colección? Lo difícil es calcular cuánto se puede vender conforme avanza la entrega.

En algún momento del desarrollo de Promexa, entramos en sociedad con Altea, que era un sello de libros infantiles del grupo Santillana, en formato de bolsillo para venta en autoservicios. Esta fue una experiencia nueva, pues quisimos probar cómo funcionaba la venta de libros de bolsillo en exhibidores de poste, etcétera. Fue un experimento no muy exitoso porque para el visitante era extraño encontrar ese tipo de libros en una tienda de autoservicio.

En la administración de autoservicios, las áreas de compras y operaciones designan el espacio donde debe ir cada línea de productos, promociones, ofertas y remates. A través de estadísticas de ventas y estudios de mercado, detectan si el mejor lugar es la entrada, algún pasillo determinado o el área de cajas.

En nuestro caso, el comprador solicitaba al área de operaciones que indicara el lugar donde colocarían nuestras colecciones; generalmente era el mismo en cada tienda, para que el cliente frecuente supiera dónde encontrarlas. Al igual que nosotros, el comprador estaba interesado en hacer una buena compra.

Algunos llaman a este tipo de ventas «Programas de continuidad», es decir, lo que se buscaba era que el consumidor regresara a la tienda cada semana para comprar su libro, porque la empresa no garantizaba la disponibilidad de todas las entregas durante todas las semanas.

Al principio los supermercados compraban una pequeña cantidad y todo lo demás entraba en el modelo de consignación. Había un riesgo grande para el editor si no «pegaba» la colección en el gusto del consumidor, porque entonces se recogían las obras y se buscaban otros canales para venderlas.

Cuando esto sucedía, vendíamos a cadenas de supermercados en otros puntos de la República, lo cual funcionó muy bien, sobre todo en los estados del Pacífico.

Fue imposible tratar de adaptar a librerías este modelo de ventas, porque generalmente su clientela no asiste todas las semanas y las librerías no cuentan con el espacio de exhibición necesario, etcétera.

En Promexa editamos muchas colecciones, inicialmente para Aurrerá, y después nos extendimos hacia otros supermercados, reservando la exclusividad de lanzamiento a nuestro primer cliente. Más tarde, Promexa estuvo presente en Comercial Mexicana y luego nos expandimos a otros estados de la República, en cadenas comerciales locales.

Hasta cierto punto, era un mercado competido porque algún editor espontáneo podía ir a España o Italia y adquirir los derechos para vender una colección en México, pero no era tan sencillo por el capital requerido.

En esos años, el equipo de Promexa contaba con 30 personas aproximadamente. Teníamos muchos *freelancers* para revisión de estilo, de galeras y otras etapas del proceso editorial.

Cuando comenzamos, pensamos que había muchas posibilidades de que Promexa fuera un éxito por varias razones: una era la falta de librerías. Si el consumidor vivía en una ciudad con pocas librerías, pero solía frecuentar los autoservicios al menos una vez a la semana, había que acercarle los libros.

El éxito de Salvat y Promexa fue un punto de referencia para la industria editorial. De pronto, otras editoriales prestaron atención al modelo y comenzaron a hacer sus pininos en ese sector. Había competencia por ganar los espacios, incluso desde España: algunas editoriales que vendían de casa en casa migraron a programas de continuidad en México.

Desde la fundación de Promexa en 1974, desarrollamos 20 colecciones —entre libros y discos— y logramos vender más de 300 000 ejemplares por colección. En la actualidad todavía se pueden encontrar remanentes de varias de esas colecciones en las librerías de viejo de la Ciudad de México. Ahí se encuentra el testimonio de toda la labor que desarrollamos en Promexa.

Al mismo tiempo que desarrollábamos las colecciones, nos dimos cuenta de que era necesario comenzar a editar nuestros propios libros. El primero que editamos y publicamos bajo el sello de Promexa fue una obra de recetas de cocina titulado *La Cocina de Laura,* de una amiga muy querida, Laura Caraza Campos, extraordinaria cocinera que preparaba diversos platillos para amigos; una mujer inteligente, divertidísima y muy trabajadora.

La Cocina de Laura fue ilustrado por la diseñadora María Figueroa, uno de sus primeros encargos. Era un libro para todo público; tamaño carta y de un color naranja escandaloso. La primera edición la lanzamos engargolada para que la ama de casa pudiera manejarlo con facilidad y absoluta libertad, y lo tuviera como su recetario de cocina. Se vendió muy bien. Hicimos varias reimpresiones y una edición de bolsillo, y también lo destacamos en la Colección Marke.

La obra de Laura fue mi primer libro como editor. Después continuamos con libros de cocina de otros autores, como *La cocina francesa en México*, de Carmen De Sayve (1991). También editamos libros de grandes cocineras, que incluían sus propias recetas y que nunca habían publicado antes. Los libros de cocina son una línea muy entretenida.

Con el tiempo, editamos varias colecciones de cocina que recibieron una buena acogida por parte del público. En ese entonces, la SEP lanzó una colección de comida económica; los platillos eran muy diferentes a los que nosotros presentábamos en nuestras obras. El éxito de nuestros libros dependía de que todas las recetas incluidas en la edición fueran transcritas sin errores, con las cantidades correctas, y luego preparadas y probadas.

En una colección que editamos, la receta de un pastel indicaba erróneamente: «agregar una taza de sal». A menos que uno se quiera morir, era un error evidente, pero así se fue la receta. Luego tuvimos que hacer la fe de erratas.

Estos primeros pasos como editor me llevaron a la conclusión de que no solo podíamos vender a través del catálogo, era necesario ofrecer nuestras ediciones en librerías. Así fue como ingresamos al comercio tradicional de libros en México: la distribución de ediciones propias y de otras editoriales.

Emprender en 1979 una colección o selección de las obras más relevantes de autores mexicanos para ofrecerlas en autoservicios no era tarea fácil, pero habría sido poco factible sin la amistad y los consejos de José Luis Martínez, José Emilio Pacheco y Carlos Monsiváis.

También nos sirvió de guía la insustituible —incluso hasta la fecha— *Colección de Escritores Mexicanos* de Editorial Porrúa, los estudios y antologías de Antonio Castro Leal y otros estudiosos, y el singular breviario *Cien años de novela mexicana,* de Mariano Azuela, una personalísima respuesta a su propia pregunta «¿Hay novela mexicana?», publicada en 1947.

Pero, sin duda, los libros de José Luis Martínez, su generosidad en compartir conocimientos y opiniones, su admirada erudición, discernimiento y curiosidad por todo lo mexicano han sido los valores más preciados para mí, como lector y editor.

Desde muy joven, fue un ejemplo de que era posible compaginar la dedicación a un trabajo cotidiano y profesional con la pasión permanente por los libros. Sobre el tema de clásicos, siempre he admirado el enorme esfuerzo editorial que representa la colección *Sepan cuantos...*, de Porrúa.

La selección de autores y temas es universal y contribuye al conocimiento, disfrute y entretenimiento de miles de personas. El diseño editorial nunca ganará premios, pero ha permitido mantener un precio accesible a cientos de miles de lectores.

Ha habido otros esfuerzos editoriales que me gustaría señalar, a pesar de que unas casas editoriales han desaparecido y otras permanecen. Ellos saben quiénes son y solo hace falta levantar una copa, una cerveza o un refresco en honor a su admirable misión: hacer buenos libros.

La planeación, preparación y edición de colecciones de letras mexicanas que realizamos en Promexa fue una experiencia apasionante y sumamente enriquecedora. Fue un intento exitoso de llevar a las bibliotecas familiares las obras de los grandes autores mexicanos de todos los siglos.

Comenzamos por reunirnos con los autores o, en caso de que ya hubieran fallecido, con sus herederos. También nos reuníamos con los editores, presentábamos la colección tentativa, explicábamos la manera de comercializarla y abordábamos el tema de los derechos de autor.

La mayoría aceptó con sorpresa y entusiasmo porque las condiciones para los autores eran muy buenas. Cuando hablé con Jorge

Ibargüengoitia, me dijo: «¡Sí, sí, me vas a convertir en un clásico!». Y llamó a su esposa Joy Laville para decirle: «Trae una botella de whisky para celebrar».

Jorge era mi vecino en Coyoacán. Lo conocí socialmente tiempo antes de la creación de Promexa. Nos identificamos de inmediato por su humor negro, sus sarcasmos, la ironía como parte esencial de su carácter y su crítica. Nos hicimos buenos amigos y además compartimos la amistad del pintor Gunther Gerzso, otro gran lector.

Varios de los autores que contemplamos para nuestra colección habían sido publicados por el FCE, así que fui a ver a su director, José Luis Martínez, le platiqué del proyecto, le expliqué al detalle el modelo de negocios de la venta en autoservicios y le indiqué lo que necesitábamos de las ediciones del Fondo. Le gustó el proyecto y le pareció asombroso porque era un creyente de la difusión. Luego negociamos con facilidad la cesión de derechos autorales. Todos ganamos: los autores, el Fondo y Promexa.

A pesar de la buena actitud de los escritores participantes, a algunos les causaba inquietud que la venta de sus obras fuera en tiendas de autoservicio y no en librerías. Algunos consideraban que nuestro modelo económico solo banalizaba las letras. Aunque José Luis mostró entusiasmo por el proyecto, hubo gente del Fondo de Cultura Económica que desaprobó nuestro acuerdo.

Así fue como logramos editar la colección de literatura mexicana, la primera hecha por Promexa, cuyo título era *Clásicos de la Literatura Mexicana*; después editamos otras dos colecciones, todas en grandes tomos antológicos y temáticos. La colección arrancaba con tirajes de 25 000 ejemplares y fue un éxito editorial.

También hicimos una antología del cuento y otra de poesía, porque, de otro modo, muchos autores habrían quedado fuera. Todos los libros venían con un prólogo escrito por académicos, especialistas o escritores, por ejemplo, la selección y notas del volumen de *Poesía mexicana* fue realizado por José Emilio Pacheco y *Poesía contemporánea* estuvo a cargo de Carlos Monsiváis.

Queríamos lo mejor y también queríamos a los mejores. Así conocí a los escritores mexicanos, del mundo de la academia y de la industria editorial. Ya como editor en forma, ese fue mi primer contacto con la élite.

A algunos autores los conocía de tiempo atrás. A Carlos Monsiváis lo conocía porque mi primera esposa había colaborado con él en el suplemento *México en la Cultura.* A José Emilio Pacheco lo conocí gracias a mi admiración por él. Un colega de Aurrerá, que era su cuñado, me lo mencionó, y le dije que me encantaría tener sus libros autografiados. Así fue como lo conocí. Llegué a tener una profunda amistad con José Emilio y su esposa Cristina que duró para siempre. Era una gran persona, generosa, amable, divertida y, por supuesto, un lector fuera de serie.

A Octavio Paz lo conocí años antes. Harvard lo invitó a impartir la cátedra en poética Charles Eliott Norton. Para reconocer esa distinción, los egresados decidimos invitarlo a cenar y aceptó cordialmente. Me tocó recogerlo e iba acompañado por Marie Jo, su esposa. Octavio estuvo de muy buen ánimo durante la cena; hablamos mucho de música, fue una gran velada que compartió con 30 egresados.

Si queríamos una obra de Octavio Paz para alguna colección, teníamos que escribirle a su amigo y curador de su obra, Pere Gimferrer, una persona increíblemente difícil de tratar. Sin embargo, como Paz quería participar y estar presente en todo, era fácil que nos diera un sí; entendía de qué se trataba y claro que buscaba más lectores.

Con Joaquín Mortiz nunca trabajé, pero sabía quién era Díez-Canedo y él sabía quién era yo porque le habíamos comprado los derechos de algunas obras de su catálogo. Siempre me trató muy bien; era un caballero muy agradable; tenía un segundo que se llamaba Bernardo Giner de los Ríos. Luego se fue a España. Era muy divertido y destrampado.

A Juan José Arreola sí lo conocí. Era un brillante escritor que no pudo resistir ser un protagonista de la televisión, pero lo hacía bien, no había otro igual. Era erudito, políglota, muy original y divertido. Es curioso, en las décadas de 1960 y 1970 era muy leído en las escuelas privadas; mucha gente tenía que leer *Confabulario.*

A Salvador Novo no lo conocí, lo llegué a ver en Bellas Artes y en otros foros; ya había fallecido cuando hicimos la colección de letras mexicanas, así que tratamos con Antonio López Mancera, su heredero.

Con Elena Poniatowska también tuve una buena relación. Su más grande acierto fue haber sido una magnífica periodista que se dedicó entrevistar a figuras destacadas de las artes, y luego a escribir cuentos, novelas, biografías y reportajes singulares.

Volviendo a la colección de literatura mexicana: fue una labor titánica solicitar prólogos para cada tomo, coordinar su entrega y reunirlos: 30 obras y 30 autores. Entramos en contacto con cada colaborador y, a pesar de las críticas continuas sobre nuestras ventas en autoservicios, los autores estaban complacidos. Promexa pagaba en efectivo, de inmediato y de manera anticipada, a los prologuistas y autores; además, en el caso de estos últimos, pagábamos por edición y no por regalías, por lo que no corrían ningún riesgo si la colección se vendía bien o no.

Hace 45 años, en 1979, logramos reunir a 113 escritores en 126 obras. Fue un periodo muy interesante porque con el tiempo no faltaron varios editores que se adjudicaron la idea de una colección semejante años atrás o sostenían que la habían pensado antes que nosotros.

Años después, cuando me entregaron el premio Juan Pablos al Mérito Editorial, en 2006, el maestro de ceremonias se refirió a lo novedoso y exitoso que había sido nuestro modelo editorial y comercial a través de los autoservicios.

En ningún momento Promexa vendió sus colecciones de puerta en puerta. Esa fue una condición de parte de las editoriales que nos vendían los derechos autorales para que no compitiéramos con ellos en ese tipo de canal.

Promexa resultó ser un buen negocio. Mi socio Rafael de Yturbe y yo —cabezas de cabezas de la empresa— tuvimos la oportunidad de imaginar, de proyectar, de tomar ciertos riesgos en la selección de las colecciones que importábamos, en la edición de colecciones propias editadas en México y también en la posibilidad de editar nuestros propios libros para venta en librerías.

Se nos ocurría de todo: pensábamos en un tema y luego lo desechábamos; elegíamos otro que tendría más alcance; saltábamos de un proyecto para tiendas de autoservicio a la edición de una obra de autor para librerías, o planeábamos la distribución de títulos de editoriales españolas.

Comenzamos a viajar a ferias internacionales para conocer qué productos editoriales podrían transformarse en colecciones para autoservicios y saber cuáles eran las tendencias en Europa; qué estaba leyendo la gente, los temas de moda, el mercado de lectores y los libros infantiles.

En algunas ferias todavía nos recibían con cierta suspicacia porque el modelo de negocio que presentábamos seguía causando escozor a ciertos editores y editoriales que lo consideraban algo vulgar y pensaban que no tenía futuro. Por tradición, creían que la venta debía hacerse de puerta en puerta, en quiosco o en librerías.

A finales de la década de 1970 y principios de 1980, solo había una librería en la Ciudad de México especializada en literatura infantil. Su dueña era Pilar S. de Gómez; en 1968 fundó la Librería Pigom localizada en la avenida Parque México número 13, en la colonia Condesa.

Pilar había recorrido la mayoría de las editoriales mexicanas en busca de obras para niños, pero encontró poco material, por lo que se dedicó a la importación de libros editados en España, Inglaterra, Francia y Estados Unidos. Pudo sostener su librería durante 15 años hasta 1983, cuando la cerró debido a la cancelación de importaciones y a la escasa producción de libros infantiles en México.

Pilar estaba convencida de la necesidad de crear el hábito de la lectura entre los niños y en algún momento conoció a Carmen Esteva de García Moreno, quien compartía la misma pasión por impulsar la literatura infantil. En 1979, ambas mujeres fundaron la Asociación Mexicana para el Fomento del Libro Infantil y Juvenil, que al año siguiente cambió a Sección Mexicana de IBBY (International Board on Books for Young People).

Carmen y Pilar fueron las grandes promotoras de la lectura infantil en el México de esos años; siempre buscaron que las autoridades educativas incorporaran lecturas para niños en los libros de texto de la SEP. En 1981, organizaron la Primera Feria Internacional del Libro Infantil y Juvenil que se llevó a cabo en el Auditorio Nacional.

En ese contexto, en 1982, en Promexa se nos ocurrió hacer una colección de libros para niños llamada *Clásicos Infantiles Ilustrados*. Le presentamos el proyecto a Comercial Mexicana y lo compró. Se abrió la posibilidad de que los niños mexicanos tuvieran una oferta muy variada de títulos ilustrados de diferentes países. No buscamos descubrir el hilo negro: lo que ofrecimos eran *clásicos* infantiles; simplemente compramos los derechos de esas obras porque eran libros bellos, bien editados, bien ilustrados y textos de alta calidad.

La condición que nos pusimos para la selección fue que la colección estuviera formada por autores clásicos y como contemporáneos. Por eso hubo títulos de Holanda, Suecia, Noruega, Francia, Italia, Dinamarca, Estados Unidos y Japón.

De Estados Unidos hubo libros que escogimos porque eran interesantes con ilustraciones muy atractivas; había libros sobre indígenas norteamericanos e incluimos uno mexicano acerca de una leyenda totonaca. Como queríamos que las traducciones fueran lo más fidedignas posibles y con el mejor español le encargamos la traducción, la adaptación y la edición a José Emilio Pacheco.

Entre los autores seleccionados estaban los hermanos Grimm, Hans Christian Andersen y Charles Perrault. José Emilio, siempre diligente, curioso y acucioso, buscó los textos originales de esas obras para ofrecerle al lector las versiones más puras.

La edición realizada por José Emilio Pacheco fue un éxito y fue tan reconocida que luego vendimos sus traducciones a editorial Era. La colección fue escrita con ingenio, humor, gracia y, además, con una pluma elegante. Nadie había hecho una colección así.

El catálogo incluía a Esopo, La Fontaine y varios otros autores infantiles e internacionales que poníamos por vez primera al alcance del cliente de autoservicio en un paquete semanal de dos volúmenes y un folleto de un cuarto de página, donde explicábamos por qué los niños debían leer, cómo debían hacerlo y la importancia de los padres en leerles en voz alta; todo esto para incentivar la lectura. Ese texto fue retomado como propio por otras editoriales y por especialistas en fomento a la lectura. Su importancia se refleja en su vigencia.

La colección nunca fue pensada para librerías. Sabíamos que el público o los lectores en ciernes se encontraban en las tiendas de autoservicio. Además, en esa época, las contadas librerías que había en la ciudad de México no tenían una sección de libros infantiles, salvo las Librerías de Cristal. Este mercado editorial dirigido a niños y adolescentes se desarrolló con mucho éxito años más tarde, desde finales de la década de 1990, cuando las principales editoriales se dedicaron *ex profeso* a la edición de obras infantiles nuevas por encargo o por dictamen. También surgieron numerosas editoriales especializadas en este género, por ejemplo, Petra Ediciones, de Guadalajara; Editorial Cidcli; Ediciones Tecolote; Corunda y muchas más.

En algún momento entramos en contacto con Gallimard —la editorial *non plus ultra* de Francia— que por distintas circunstancias se había quedado con La Librería Francesa de la ciudad de México, un proyecto cultural del gobierno de Francia de la posguerra.

Gallimard tenía interés en llevar su fama editorial y parte de su catálogo a Latinoamérica y Norteamérica. De hecho, ya tenía una editorial y librería en la región francófona de Canadá.

Con Gallimard acordamos editar en español la *Gran Colección de la Literatura Universal*, aprovechando las nuevas técnicas de composición digital que la editorial ya utilizaba en Francia y que consistían en el uso de computadoras para muchos de los procesos editoriales. Todos los textos fueron digitalizados en Francia y tuvimos la fortuna de contar con la colaboración de Alberto Ruy Sánchez para su revisión, ya que se encontraba estudiando en París.

«Aurrerá le ofrece a usted —señalaba el folleto que presentaba la colección—, por primera vez en una sola colección, 14 volúmenes de gran lujo con lo más representativo de la novela y el cuento de la literatura universal. 113 grandes escritores le ofrecen, en 126 obras extraordinarias, un testimonio inolvidable».

La colección incluía literatura española, francesa, norteamericana, italiana, rusa, alemana e inglesa, en tomos de más de 800 páginas, encuadernados en pasta dura y con cabezada. En el lomo y la portada, aparecía Gallimard como coeditor junto con Promexa.

En 1982, nos preguntamos: «¿Por qué no hacer nuestra propia enciclopedia biográfica universal para tiendas de autoservicio?», y como nos entusiasmamos con la idea, decidimos desarrollarla.

La colección se titulaba *Doce Mil Grandes*, y el subtítulo agregaba: *Encuentros con los genios de todos los tiempos*. Estaba conformada por 12 volúmenes, cada uno con una temática en particular: Pintura, Música, Ciencias Exactas, Exploración, Literatura, Historia, Arquitectura y Escultura, Filosofía y Religión, Diseño y Fotografía, Ciencias Naturales y Hombres de México.

En cada volumen se presentaban 100 biografías ilustradas. Al final había un compendio biográfico que incluía 900 personajes, de tal modo que el lector tenía en sus manos, al menos para un primer acercamiento, los datos básicos de 1 000 personajes de una misma área del conocimiento.

Durante algún tiempo nos sentamos a escribir listas y más listas de personajes para establecer quién debía estar y quién no. Uno de los colaboradores de la colección fue Paco Ignacio Taibo II, quien trabajó con nosotros cercanamente.

La edición constó de 50 000 ejemplares, se imprimió en los Talleres del Grupo Fabbri en Italia porque eran nuestros coeditores. Viajé a Milán para cuidar la impresión y pasé varios días en jornadas hasta que terminó el proceso. Incluso iba a la imprenta los fines de semana para revisar las pruebas de impresión; era verano y en la imprenta hacía un calor infernal. Fue una verdadera locura y toda una experiencia, pero salimos con nuestros *Doce Mil Grandes* y su venta fue un éxito.

Mi primera esposa, Yolanda Moreno Rivas, era pianista concertista, pedagoga y musicóloga. Colaboró en el suplemento *México en la Cultura* del periódico *Novedades* y escribió decenas de reseñas de conciertos y de libros sobre el tema.

En 1979, decidimos hacer una colección de música popular mexicana y se la encargamos a Yolanda, pero en este proyecto fuimos más lejos: no solo se trataba de escribir y editar la historia en varios fascículos, sino de conseguir los derechos para poder ofrecer los temas elegidos en el mismo número de acetatos o elepés.

La colección se llamó *Historia Ilustrada De La Música Popular Mexicana*. Yolanda se encargó de hacer el guion y escribir los textos de cada fascículo, que dividimos por género. Asimismo, realizó la selección musical, porque no se trataba de incluir a nuestros artistas favoritos, sino de elegir a los mejores intérpretes y grabaciones.

Lanzamos la colección con todo y discos de 33 RPM en las tiendas de autoservicio; años después la reeditamos, pero en disco compacto. Cada fascículo incluía un disco por 19.90 pesos y se vendió como pan caliente.

No era nuestro primer proyecto musical. Habíamos lanzado en autoservicios varias colecciones de discos de música de concierto, como *Los Grandes Maestros de La Música*, que adquirimos en Europa, y a la que le agregamos un volumen de música mexicana de concierto. Después desarrollamos uno titulado *El maravilloso mundo del ballet*, con la historia y la música de las grandes composiciones creadas para la danza clásica. También vendimos una colección de ópera.

En el caso de la música popular mexicana, nos interesaba contribuir a su difusión y apreciación. Fue necesario comenzar desde cero todo el proceso y negociar cada parte: el pago para la autora de los textos, las regalías para el autor y el compositor de cada tema, las regalías por utilizar la versión de un intérprete en específico, el pago a la disquera que tenía los derechos. Fue una labor titánica. Negociamos con las grandes disqueras como Musart, CBS, RCA Victor, Peerless y con otras pequeñas que tenían los derechos de compositores e intérpretes que deseábamos incluir.

Uno de nuestros socios fue Enrique de Noriega, quien había trabajado conmigo en Aurrerá cuando aún estudiaba en la Ibero, pero su experiencia profesional fue en las disqueras y sabía todo acerca de ese mundo. Fue un invaluable e inolvidable colaborador.

Generalmente buscábamos las versiones originales; para este proyecto, contamos con un grupo de colaboradores que prácticamente vivían en la Fonoteca Nacional; en ese entonces se encontraba en un departamento de edificio en la calle Nuevo León. La Fonoteca no cabía en ese lugar, pero nuestros colegas llegaban con un tocadiscos portátil, escuchaban el material, registraban sus apreciaciones y lo calificaban para después hacer la selección final; esta tarea les tomó meses.

En la versión que incluía discos LP, los fascículos eran de gran formato. Cuando aparecieron los discos compactos, pudimos reducir el tamaño sin reducir la calidad de la grabación. El fascículo era atractivo porque incluía fotos de los protagonistas. La colección ofreció lo más selecto de «los clásicos de la música popular».

Cualquier proyecto editorial que fuera viable tenía cabida en Promexa. En cierto modo, elegíamos los temas de nuestras colecciones según nuestro propio criterio, como ocurrió con la Biblia de Jerusalén.

Visitábamos las ferias con el afán de buscar nuevas obras y nuevos temas para traerlos a México o incluso desarrollarlos en Promexa. Así, de buenas a primeras, nos topamos con la llamada Biblia de Jerusalén. Esta versión de las sagradas escrituras es considerada la más confiable debido a la calidad de su traducción, la seriedad de sus introducciones, las notas al pie de página y otros elementos.

Durante una feria, tuve la oportunidad de ver una edición y pensé que toda biblioteca familiar debía tener una Biblia como parte de su acervo cultural, y qué mejor que la de Jerusalén. En lengua hispana, había una editada en la década de 1920 por alguna casa editora española que quiso enmendarles la plana a los evangelistas, pues estaba expurgada, con fragmentos eliminados, siguiendo una visión ultraconservadora, por decirlo de alguna manera.

Nosotros adquirimos la traducción al español de la prestigiosa editorial belga, Desclée De Brouwer. La pensamos para venta en autoservicios, la dividimos en 10 tomos, numerosas reproducciones de pinturas del Renacimiento que habían sido aprovechadas por la editorial italiana Fabbri para su Biblia, adaptamos los textos en español a las imágenes y la colocamos en México. Era una edición única que se vendió increíblemente bien.

De la religión podíamos saltar sin problema a una geografía mundial y luego a un diccionario médico y a otro enciclopédico de la fauna mundial, obra editada por Mondadori que curiosamente le habían vendido a la gente que se dedicaba al comercio de libros en quioscos y autoservicios —nuestros pares—, pero en Turquía.

En otro momento se nos ocurrió ofrecer a los clientes algo para su jardín. Fue así como ideamos *El Jardín en Casa*. La compra de cada nuevo tomo —eran cuatro— incluía semillas y una planta. Era una obra muy bien editada por Blume, un editor suizo radicado en Barcelona, especializado en libros ilustrados, y apasionado por el tema de la jardinería.

Le compramos los derechos del libro y, aunque le pareció una locura, estaba encantado. No estaba equivocado, fue algo fuera de lo común: tuvimos que visitar a los grandes productores de plantas y flores para que entregaran un determinado número de macetas en cada tienda donde se vendía la colección. Aunque parecía un despropósito para los gerentes de los autoservicios, les agradó porque era algo novedoso. En la actualidad, la mayoría de las tiendas de autoservicio ofrece plantas y flores.

En 1984, lanzamos otra colección: *Guías Turísticas, Históricas y Geográficas de México*. Fue idea del señor Alfredo Careaga, quien junto a su socio Víctor Jerez, recorrió todo el país, tomando notas y fotografiando todos los sitios visitados.

No recuerdo cómo entramos en contacto con él, pero después de trabajar durante algunos meses, de varias charlas sobre distintos temas, de comenzar la edición de los volúmenes y de atar ciertos cabos de nuestras conversaciones, supe que la madrastra de

Víctor Jerez, llamada Tony, había sido bibliotecaria de la Benjamín Franklin, y cuando yo era niño, me permitía ayudarla a acomodar las obras en los estantes y me recomendaba libros infantiles. Ella era estadounidense, pero se quedó en México, se casó con un español —el papá de Víctor Jerez—, y vivía en San Miguel de Allende. En algún momento le comenté a Jerez que ella había sido una gran influencia para mí.

La colección de guías turísticas estaba conformada por 12 tomos y en cada uno agrupábamos estados de la República por zonas geográficas. Los vendimos en tiendas de autoservicio, pero no tuvieron el éxito que esperábamos. A los viajeros no les interesaban todos los estados por igual, en unos había muchas más atracciones turísticas y sitios de interés que en otros.

La edición la hicimos en México. La información era invaluable: reunía datos históricos, descripciones ambientales, recomendaciones, rutas y lugares de interés. El problema fue que eran libros poco prácticos para viajar con ellos: eran de pasta dura, el formato era vertical y grande —debido a los mapas—, así que resultaban bastante imprácticos para llevarlos de viaje. La idea no era mala, pero hoy se habrían hecho de forma completamente distinta.

De hecho, años después, la editora Adriana Salinas publicó una magnífica colección de guías por estado, bellamente ilustradas y, además, prácticas; se distribuyeron, por algún tiempo, a través de Promexa.

En Promexa también editamos libros de autoayuda que anteriormente habían sido objeto de cierta burla compasiva entre nosotros. Pero en cierta ocasión se acercó una señora a quien conocíamos y que, a su vez, nos presentó a un grupo de señoras que tenían sesiones de ayuda.

Se habían preparado para acompañar, brindar apoyo y fortalecer a las personas con problemas de dependencia a través de la oración. Impartían conferencias a las que asistía un público considerable y pensaron en hacer un libro, porque después de sus sesiones de apoyo o de sus conferencias, perdían el contacto con la mayoría de las personas que habían asistido.

Tenían muy claro su proyecto y nos ofrecieron un libro titulado *Pertenecer*, o algo parecido, pero ese era el tema de la obra. Compramos la idea, editamos el libro, y se vendió muy bien. Luego editamos varios títulos más con ellas y de ahí continuamos impulsando el tema, con lo cual entramos en un mercado muy competido porque, ya para entonces, los libros de autoayuda y de superación personal se encontraban entre los más vendidos de la industria editorial internacional. Además, había varios autores estadounidenses —aún vigentes— que eran apabullantes *bestsellers*.

Al editar este tipo de obras, notamos que había una diferencia importante en términos de ventas en comparación con nuestros otros títulos —historia, música, literatura, etc.—, porque eran libros que no exigían el hábito de la lectura. La gente que los adquiría no lo hacía por amor a las letras, sino por una necesidad real y personal de encontrar solución a sus problemas particulares. No querían los libros, pero los necesitaban.

Los editores siempre andan en busca de uno o más libros que se vendan bien y quien lo niegue no está diciendo la verdad. Es una decisión comercial, más que nada. Por eso, en la actualidad, el tipo de lectura de mayor venta en muchos países son las novelas del corazón, cuyas autoras también son las más conocidas por un público que las lee con devoción. La más famosa en lengua española ha sido Corín Tellado, de quien se dice que escribió 5 000 novelas y relatos entre 1946 y 2009, y fue traducida a 27 idiomas, según el libro *Guinness* de 1994. Era la autora más vendida en idioma español con 400 millones de ejemplares. En 1962, la Unesco ya la había declarado la escritora española más leída después de Miguel de Cervantes Saavedra.

Las novelas del corazón fue un género que nunca nos llamó la atención porque su manejo y venta masiva estaba en los quioscos.

Las ferias de libro eran fuente no solo de diversión, sino básicamente de hallazgos e inspiración. Además, representaban lugares únicos para rencontrar amigos y establecer contactos aunque no resultaran en un negocio editorial nuevo. Y, desde luego, no todos nuestros hallazgos fueron éxitos rotundos.

Por ejemplo, compramos los derechos —carísimos— para editar *Proteo*, una enciclopedia francesa de la ciencia contemporánea (así de modesta) en *bande dessinée* («tiras dibujadas»), una obsesión europea y japonesa derivada de los cómics y las infaltables novelas gráficas.

El diseño gráfico era muy atractivo, y el mercado objetivo —adolescentes y jóvenes—, inobjetable: ¿qué mejor manera de aprender sobre ciencia que una aventura gráfica a colores, con héroes (Proteo) y villanos (epidemias, plagas, etc.)?

Resultó que la temática y sus beneficios fueron muy difíciles de vender al público y las devoluciones no se hicieron esperar. Los pocos que entendieron su valía fueron sus máximos voceros y la recuerdan con afecto.

Otro proyecto francés, la enciclopedia *Quid*, ofrecía la novedad de explicar cada gran tema con espléndidas ilustraciones realistas, a color, para iluminar un enorme acervo de conocimientos. Cada doble página ilustrada era espectacular.

Tampoco gustó como esperábamos, aunque más que *Proteo*. Además, por primera vez, ofrecimos una colección de 18 tomos… sin comentarios. El impulsor de este proyecto fue un experimentado y sagaz editor francés, Guy Schoeller, quien participó en el lanzamiento del formato libro de bolsillo más exitoso en Francia, *Le livre de poche*, y más tarde, a sus ochenta años, lanzó otro formato totalmente opuesto al bolsillo, *Bouquins,* colección de obras «completas» de un solo autor, o antologías en un solo tomo de ¡hasta 2000 páginas!, a un precio sin precedente.

El secreto de *Bouquins* estaba en el papel, fino, delgado, que algunos llaman «biblia», y en la impecable producción realizada por una imprenta británica con la tecnología más avanzada en ese momento, principios de la década de 1990. Como anécdota, además de todos estos logros, Guy Schoeller fue el descubridor de Françoise Sagan, autora a los 18 años de *Bonjour tristesse*, una provocadora novela, éxito internacional de 1954, que vendió millones de ejemplares traducidos a 20 idiomas. Obviamente, Schoeller se casó con ella.

Otro lanzamiento original y extraño de Promexa fue un *Álbum de filatelia mundial*, con hojas con carátulas en blanco para llenar con timbres reales que se adjuntaban en bolsitas para que el comprador pudiera iniciar su colección. Encontramos dos indispensables proveedores de timbres, un experto filatélico nacional y otro para sellos mundiales en Nueva York; el neoyorquino era una especie de gánster que tenía su oficina y un almacén de millones de estampillas en el mismo edificio de la «fábrica» de Andy Warhol. Fue necesario un ejército de empacadoras para embolsar los miles de timbres, pegatinas especiales para filatelia, una pequeña lupa, una autorizada historia de los sellos en México, etc., para completar el equipo del nuevo filatelista.

No recuerdo si se vendió bien el concepto, a pesar de que el precio era muy bajo y la venta total igual. La comunidad filatélica la festejó. Tampoco recuerdo que en los inventarios del almacén se registrara una devolución significativa. O sea, se vendió bien. Pero ¿por qué la filatelia? De niño, alguien me regaló un estuche de iniciación a la filatelia que me introdujo en ese coleccionismo, incluso asistí a una subasta, en la cual adquirí un timbre del Reino de las dos Sicilias, simplemente por raro.

Otro proyecto decepcionante fue la edición de unos libros de formato muy pequeño para iniciar a los niños en la lectura. El autor-ilustrador era el británico John Birmingham. La serie había sido muy bien recibida por educadores y padres de familia ingleses. Tenían 8 páginas y, por su tamaño, ideales para llevar en el bolsillo. Así lo reconoció el público que, en vez de comprarlos, simplemente se los embolsaba, sin pagar, y se iba feliz con el librito, ¡un gran éxito!

Junto al negocio de la venta de colecciones en autoservicios, en Promexa desarrollamos otras áreas: la venta en librerías de obras de autores mexicanos contratadas y editadas por nosotros y la distribución en México de títulos de editoriales españolas que no se conseguían en nuestro país o solo circulaban en ediciones piratas.

A través de la compra de derechos para las colecciones de autoservicio entramos en contacto con editoriales españolas y de otros países. Argentina contaba con un extenso mercado de obras traducidas, por ejemplo, las obras de André Gide y Graham Greene, cuyos derechos los tenía Editorial Sur, fundada por la escritora e intelectual argentina, Victoria Ocampo, en 1933.

Al integrar otra colección titulada *Las Grandes Obras del Siglo* XX, tuvimos que buscar a Sur por todos los medios posibles. Les escribíamos, les llamábamos por teléfono para ver si de casualidad contestaban, porque la editorial era básicamente un cuarto lleno de libros y papeles con un foco y un teléfono.

Fue apasionante entrar en contacto con los editores de estas obras, conocer otros mercados editoriales, como el de España y Argentina, y presentar el mercado mexicano como una alternativa real y rentable para los libros. Así logramos tender puentes y relaciones que fueron muy fructíferas para Promexa.

El caso más trascendental fue Alianza Editorial, porque nos convertimos en sus distribuidores en México. Alianza Editorial era la colección de libros de bolsillo con los autores más prestigiosos, textos universitarios de punta, tratados de historia del arte y una selecta colección literaria de ficción, poesía y ensayo. Un catálogo impresionante y único durante varias décadas. Logramos colocar decenas de sus títulos en librerías, en autoservicios y en donde hubiera oportunidad, aunque no siempre con el mismo éxito. En un principio, importábamos un número determinado de ejemplares, pero luego resultó más práctico y económico reimprimir los más importantes en México.

Conforme adquirimos derechos y publicábamos las obras, nos dimos cuenta de que la piratería estaba a la orden del día. Nos tocó padecerlo con varias obras de Kafka, con dos obras de George Orwell: *Rebelión en la granja* (1945) y *1984* (1949), y con otros títulos, sobre todo los que tenían alta demanda escolar.

Un caso que me tocó personalmente resolver fue el de la *Metamorfosis* de Kafka con traducción de Alianza Editorial y cuyos derechos para México los representaba Promexa. Descubrimos que en Mérida había un librero que también se consideraba editor; había lanzado su propia edición de la *Metamorfosis*, fusilándose la traducción de Alianza Editorial, la daba a un precio más bajo —puesto que no pagaba derechos de traducción— y vendía más que la edición de Promexa.

Hablé con él por teléfono; era todo un personaje, muy arrogante. Ante nuestro reclamo, respondió: «Estoy acercando la cultura a la gente que no tiene dinero. Lo que hago no es un plagio; al contrario, les estoy haciendo un favor a ustedes con mis ventas porque estoy ampliando el mercado de lectores».

Le respondí que podía justificarse como quisiera, pero nosotros teníamos que pagarle a Alianza Editorial por el uso de la traducción y ellos estaban perdiendo dinero por sus ediciones pirata. Como me ignoró, viajé a Mérida; era un personaje muy excéntrico y un excelente librero en expansión con varias librerías; me recibió en su oficina con los pies descalzos sobre su escritorio. Al final, logramos un acuerdo y retiró del mercado su edición pirata.

Eran los primeros años de la década de 1980 y nos convertimos en distribuidores de varias editoriales que no tenían presencia en México; fue interesante y enriquecedor conocer a sus dueños y su visión del mercado latinoamericano.

Nuestra propuesta era muy simple: reeditar ciertos títulos de sus catálogos y colocarlos en México, pero no fue un proceso sencillo. Si bien teníamos la distribución de Alianza Editorial, Tusquets, Lumen y Castalia, los españoles desconfiaban: primero, no creían que pudiéramos vender más de lo que exportaban; pero, después, cuando vieron que algunos de sus títulos se movían en México a través de nosotros, pensaron que quizá imprimíamos muchos más ejemplares de los que les contabilizábamos. Siempre fuimos transparentes y no teníamos empacho en que se comunicaran con las empresas con las que imprimíamos en México para preguntar por nuestros tirajes.

Derrotamos la suspicacia y construimos relaciones basadas en la confianza, demostrando que conocíamos el mercado y teníamos los contactos necesarios para una buena venta en librerías. Así, fueron aumentando los tirajes y las impresiones en México.

Otro problema fue que algunos editores querían vender en México todo su catálogo, no solamente algunos títulos, como *El amante,* de Marguerite Duras, que lo imprimimos en México 8 veces, hecho que les pareció increíble. De Alianza Editorial, nuestra mejor relación comercial, editamos muchos libros que distribuimos en las librerías mexicanas.

Conocimos y establecimos una gran amistad con editores que se convirtieron en amigos personales como los de Tusquets, Beatriz de Moura y Antonio López; Javier Pradera, de Alianza; Esther Tusquets, de Lumen, y los Soler de Editorial Castalia, que publicaba clásicos españoles de alta calidad y bien editados, pero que no tenían representación en México.

Conforme creció el mercado de libros, las editoriales españolas abrieron oficinas propias en Latinoamérica. Algunas nunca pudieron hacerlo, pero estábamos nosotros para distribuir los títulos de sus catálogos, pues sabíamos a quién vender, qué vender, en dónde y en qué condiciones gracias a que también en Promexa conformamos un grupo de expertos vendedores de libros.

Conocí a Beatriz de Moura cuando fuimos a comprarle derechos para un libro. Tenía prestigio por haber constituido una editorial independiente: Tusquets, exitosa, distinta por el catálogo que estaba formando y comercialmente muy fuerte. Beatriz era muy hábil, y contaba con el apoyo de su pareja Antonio López.

Él había trabajado en textiles, era muy buen lector; además era muy simpático, manejaba todo el aspecto operativo de la compañía que estaba formada, a lo mucho, por ocho personas.

De origen brasileño, Beatriz estudió en Suiza por eso hablaba francés e inglés increíblemente bien, además de su español, de italiano y algo más. Tenía una gran facilidad para los idiomas. En Barcelona comenzó trabajando en una pequeña editorial llamada Lumen que tenía un elevado perfil literario y era muy selectiva, dirigida por Esther Tusquets, una contemporánea de Beatriz, que tenía un hermano, un arquitecto joven muy exitoso: Oscar Tusquets.

Esther Tusquets es una buena novelista y escribió unos libros de memorias/chismes muy divertidos de Barcelona en la década de 1950. Era una excelente persona. Tenía la distribución de

Mafalda en España y también de otros caricaturistas. Era una persona simpática, agradable y muy refinada; pertenecía a la alta burguesía catalana. Buena lectora y editora.

Un tiempo después, Beatriz se casó con Oscar Tusquets y fundaron Tusquets Editores, de ahí el nombre de la editorial. Eventualmente se divorciaron sin hijos y siguieron siendo amigos. Ella se convirtió en una especie de competidora de Lumen y finalmente Tusquets terminó en Planeta.

Conocimos a Beatriz en 1979 cuando fuimos a Lumen a comprar los derechos de *Esperando a Godot* de Samuel Beckett, para *Las Grandes Obras del Siglo* XX. Fue cuando empezamos a sondear la posibilidad de ser sus distribuidores en México o por lo menos clientes porque hace 45 años, los libros de Tusquets y de Lumen tenían un mercado reducido.

Así fue que establecimos una muy buena amistad con Beatriz y Tony más allá de la relación profesional. Cuando viajaba a Barcelona nos reuníamos para cenar. Les gustaba comer bien y, entre otros negocios, Tony abrió un restaurante espléndido que se llamaba La Balsa, que se encontraba en un suburbio de Barcelona, agradable, bien decorado y excelente cocina. Siempre teníamos comidas allá.

A lo largo de los años compartimos muchos incidentes divertidos. En una ocasión llegué a Barcelona por la tarde. Tony me llamó con cierta preocupación porque Enrique González Pedrero —embajador de México en España, de 1997 a 2000— y su esposa Julieta Campos, estaban de visita en Barcelona con una comitiva de hombres de negocios de México. Habían eludido a sus empresarios y buscado a Beatriz y a Tony para cenar con ellos.

Lo cierto es que ni Tony ni Beatriz sabían qué hacer con el embajador y con su señora porque, si bien los dos eran escritores, lo que escribían no tenía nada que ver con la línea de Tusquets, así que Tony me habló de urgencia pensando que tener a otro mexicano en la mesa era una gran idea y me invitaron a la cena.

Los dos resultaron muy pesados; me vieron como si fuera el mozo. Intentaba hablar de México, hacía chistes, pero eran insufribles. González Pedrero era muy pomposo. Finalmente sobrevivimos y una vez que se habían marchado Tony me dijo que les había salvado la noche. Nos reímos mucho.

Las colecciones periódicas que ofrecíamos en Promexa eran un tipo de obra editorial cuya vida en catálogo era relativamente limitada, pues ¿cuántas historias universales o clásicos de la literatura universal o grandes de la música podíamos hacer? Por eso la necesidad de estar innovando y proponiendo nuevos proyectos.

La venta de títulos de interés general —ya fueran de política, historia o ficción— no operaba de la misma manera ni en los mismos canales de distribución. La mayoría de las veces no entraban a los autoservicios. Estos títulos no tenían el atractivo inmediato de nuestras colecciones; su demanda era distinta.

Los grandes mercados en Latinoamérica son México, Argentina, Colombia y Chile. ¿Existe realmente un mercado hispanoamericano para todos los libros que se publican en español?

No, no existe. Cada país tiene un mercado distintivo, cuyos intereses inmediatos son los libros locales sobre su política, personajes y personalidades, costumbres, historia y literatura que responden a su propia idiosincrasia.

Esos libros locales no van a ser de interés para todos los países, o al menos no en las mismas cantidades; los buscarán los lectores interesados en algún tema en específico. En Argentina o Chile quizá interese una historia de los mayas o la *Historia verdadera de la Conquista de la Nueva España,* pero no una historia de la Revolución mexicana.

Estas circunstancias eran difíciles de entender para las editoriales españolas que, al contemplar a los millones de personas que formaban el mercado de libros en Latinoamérica, están convencidas de que pueden colocar todas las colecciones de su catálogo y a sus autores, como si fuera un mercado homogéneo, pero no es así.

Lo mismo se puede decir en la actualidad acerca de muchos autores mexicanos que se sorprenden de no ver sus libros en las librerías españolas o en la mesa de novedades de El Corte Inglés.

Esto es un fenómeno que no acabará nunca. Todo el que escribe ve el mercado global, aunque su obra solo encuentre eco en el mercado local. Algunos editores saben con cierta seguridad que lo que se vende exitosamente en México será una venta marginal en Colombia o en Argentina. Desde luego, aquí no entran las obras de autores conocidos mundialmente como Gabriel García Márquez, Mario Vargas Llosa, Paul Auster o Murakami o a los premios Nobel, estos autores atraviesan los mercados locales para formar parte de un mercado global.

No existen fórmulas escritas para establecer que un libro es para toda América o solamente para un determinado país. Los perfiles de los lectores de México y Estados Unidos son muy distintos, pero hay ciertas novelas que, si abordan temáticas de interés universal, quizá tengan éxito en ambos países y en muchos más.

Lo mismo ocurre, por ejemplo, en Inglaterra y Estados Unidos: una obra que en Gran Bretaña es un *bestseller* no necesariamente lo será en Estados Unidos y, por lo tanto, el editor estadounidense que compre los derechos no lanzará la obra con un tiraje inicial de 60 000 ejemplares, por más que en Inglaterra haya sido exitoso.

El señor de las moscas, de William Golding, fue publicado y elogiado en Inglaterra en 1954, aunque no tuvo mucha difusión y se vendió lo suficiente para que no fuera considerado un fracaso. En Estados Unidos, siguió el mismo derrotero, pero tiempo después, en una universidad en Wisconsin, fue designado como lectura obligatoria para estudiantes de literatura, y así, de la noche a la mañana, hubo una demanda de 60 000 ejemplares.

En las reuniones académicas anuales y en las convenciones sobre pedagogía, los maestros comenzaron a recomendarlo de boca en boca y *El señor de las moscas* se convirtió en un *bestseller* y en un clásico de la literatura contemporánea que se reimprime año con año.

Algo similar le ocurrió a *El guardián entre el centeno,* de J. D. Salinger; novela que su autor había publicado por entregas entre 1945 y 1946, y que solo cuando fue publicada en un solo volumen, en 1951, causó furor. Se convirtió en un éxito de ventas debido a que fue censurada —y sigue— en algunos estados de la Unión Americana porque retrataba los conflictos en la adolescencia, el acoso y la sexualidad sin restricciones.

En México, *Los de abajo* (1916), de Mariano Azuela, se convirtió en un *besteller* cuando fue publicado por el Fondo de Cultura Económica varias décadas después de su aparición. Primero fue publicado por Andrés Botas, quien era el editor de Mariano Azuela, José Vasconcelos y muchos escritores mexicanos. Botas fue un verdadero editor, cuyas ediciones tenían una presentación que en la actualidad serían inaceptables. *Los de abajo* es un *longseller* en México porque invariablemente es lectura obligada en las clases de literatura de secundaria o preparatoria.

Durante la pandemia de COVID, *La peste* (1947), de Albert Camus, se convirtió nuevamente en un *bestseller* en Francia, Inglaterra y varias partes del mundo. Al comenzar el confinamiento, las ventas subieron 150% en Francia. Después, en una semana, se vendieron 1 600 ejemplares, un incremento del 300% sobre el año anterior.

En Promexa tuvimos varios casos de éxitos editoriales. Quizá el más sonado fue la publicación de *El mundo de Sofía* (1991) de Jostein Gaarder, escritor noruego cuya obra se convirtió en *bestseller* y fue traducida a 63 idiomas.

Supimos que el libro estaba causando furor en Europa. La Editorial Siruela lo había traducido al español en una edición elegante, pero cara, como suelen ser sus ediciones. Consideramos que podíamos imprimirla en México y ofrecerla a los lectores a un precio más económico.

Me puse en contacto con el editor en Noruega; para mi sorpresa, hablaba español. Luego de presentarme y explicarle qué era Promexa, me dijo que nadie tenía los derechos de *El mundo de Sofía* para México, así que los adquirimos e hicimos nuestra edición. El dueño de Siruela, Jacobo Fitz-James, hijo de la duquesa de Alba, nos quería asesinar porque pensó que sus derechos eran para todos los países de lengua española, pero no era así.

En Promexa, también editamos títulos exclusivos para librerías que fueron un éxito de ventas, por ejemplo: *A la sombra del ángel,* de Kathryn Blair, publicada en 1995 a través de nuestro sello Alianza Editorial. Kathryn era una mujer sumamente inteligente y siempre pensó que su libro, escrito originalmente en inglés, iba a tener éxito en México, porque trataba la vida y época de Antonieta Rivas Mercado, mecenas de las artes en la década de 1920, y cuyo único hijo se casó con Kathryn Blair.

Con esa convicción lo presentó en varias editoriales, pero lo rechazaron porque estaba escrito en inglés. Lo trajo con nosotros y lo leí en un fin de semana. Me pareció un gran libro, bien escrito y bien narrado. Pensé que era una obra semejante a *Lo que el viento se llevó* (1936), de Margaret Mitchell; debíamos publicarlo de inmediato. Lo tradujimos y lo presentamos en el Museo de Arte Moderno y se convirtió en un éxito de librerías. Tras casi 30 años de su lanzamiento, los nuevos lectores la siguen comprando.

En una ocasión, la esposa de un amigo me comentó que no conocía a nadie en la industria editorial, pero que estaba escribiendo una novela en un taller literario. Me preguntó si podía llevarla con nosotros y le dije que sí.

Era una buena novela de suspenso. Tenía potencial, una historia interesante, bien contada y escrita correctamente. Al final se arrepintió y decidió no publicarla porque estaba inspirada en un hecho real, en la historia de un adulterio, y le dio miedo publicarla.

También ocurrió que algunos autores que publicaban en otras editoriales, de pronto, decidían buscar nuevas alternativas. Así sucedió con Guadalupe Loaeza, quien luego de su éxito *Las niñas bien*, publicada por Océano en 1987, llegó con nosotros, y en Alianza Editorial publicamos *Compro, luego existo* (1993).

Tiempo después, cuando ya estaba en Editorial Planeta, de la misma forma que ocurrió con Kathryn Blair, nos llegaron dos obras a las que les vimos grandes cualidades y se convirtieron en éxitos.

Eladia González había escrito una novela titulada *Quién como Dios* (1998), pero no conocía a nadie de la industria editorial. El manuscrito se lo prestó a una amiga mutua para que lo leyera y ella me lo envió para que le diera mi opinión, pues le había gustado mucho. Mi amiga era buena lectora, así que presté atención a su recomendación. Me pareció fascinante. Es una historia sobre la vida cotidiana en San Miguel de Allende, en los albores del siglo XX. También fue todo un éxito.

Otra obra que cayó en nuestras manos, en Planeta, fue una gran novela histórica sobre uno de los personajes más polémicos de nuestra cultura: Antonio López de Santa Anna. *El seductor de la patria* (1999), de Enrique Serna, que llegó a vender más de 100 000 ejemplares.

Existen autores descontentos con la distribución de sus libros en todas partes del mundo, pero en Estados Unidos y en Europa es muy diferente la estructura de librerías y la distribución de libros. Los libreros son realmente profesionales y quieren tener tanto los últimos lanzamientos como aquellos libros que son *longsellers*. Según una estadística, si eres un editor, dos tercios de tus ventas deben generarse a partir de tu catálogo; de lo contrario, es imposible sostenerse exclusivamente con novedades. De ahí nuestra preocupación en Promexa de crear nuestro propio catálogo, lo cual logramos hacer con el paso del tiempo.

Los escritores profesionales saben que deben trabajar todos los días si quieren mantenerse vigentes entre los lectores. Luego están los escritores que quieren ser descubiertos y no saben cómo. Algunos intentan escribir algo de ficción comercial y les va regular, porque si ese no es su género, si no es lo que dominan, es difícil que tengan éxito.

El caso de Giuseppe Tomasi di Lampedusa fue muy conocido porque escribió una sola novela, *El Gatopardo*, que no pudo ver publicada porque falleció. Había sido rechazada por varias editoriales italianas porque, en los años de la posguerra, estaba de moda el neorrealismo y era impensable, y políticamente incorrecto, que alguien se atreviera a publicar una novela sobre un príncipe de Sicilia del siglo XIX. Sin embargo, la editorial Giangiacomo Feltrinelli la tomó y *El Gatopardo* (1958) se convirtió en un éxito de ventas y en un clásico de la literatura italiana.

Este tipo de situaciones suceden en el mundo editorial. Todo mundo sabe que en México Joaquín Mortiz rechazó *Cien años de soledad*. Entonces, García Márquez envió el manuscrito a Sudamericana, que lo publicó de inmediato.

El hijo mayor de García Márquez, Rodrigo —ahora cineasta—, trabajó con nosotros. Al terminar la preparatoria, mientras preparaba su viaje a Harvard, trabajó en Promexa un verano, y cuando se fue, Juan García Oteyza asumió su puesto.

Con el tiempo, García Oteyza se convirtió en un buen editor internacional. Fundó su propio sello, Eridanos Press, junto con un miembro de la familia Agnelli, del grupo Fiat. Armaron un pequeño catálogo muy selecto con autores como Musil, Pirandello, Von Doderer, Akutagawa, entre otros.

La incursión de la familia Agnelli en la edición había empezado con la compra de Fabbri Editi, cuyas publicaciones se vendían primero que nada en quioscos; también se convirtieron en fuertes protagonistas dentro del ámbito de los textos escolares. Con Fabrri, hicimos varias colecciones para tiendas de autoservicio. Así es el mundo editorial: se van tejiendo muchas redes sin que te des cuenta.

El crecimiento de Promexa —en volumen de obras publicadas y ejemplares producidos y vendidos— se debió fundamentalmente a los lanzamientos de obras coleccionables en el canal de tiendas de autoservicio. Pero la naturaleza de esas ediciones y su comercialización no constituían un verdadero catálogo permanente que pudiera asegurarle un largo futuro a nuestra editorial. Era necesaria una visión más amplia que cimentara nuestra posición en el mercado de libros.

Las empresas editoriales más grandes y exitosas de México eran las que editaban textos escolares, principalmente para secundaria, preparatoria y carreras profesionales. Así, los líderes del mercado en los años setenta llevaban un buen rato establecidos.

El libro de texto para primaria era exclusivo de la Comisión Nacional de Libros de Texto Gratuitos (Conaliteg), como lo es hasta la fecha. Es un organismo público al servicio del Gobierno y, a pesar de los múltiples esfuerzos de los editores privados por convencer a las autoridades de compartir esa edición, nunca se ha logrado.

En ese entonces, como ahora, teníamos claro que un buen número de las empresas editoriales más grandes a nivel internacional deben parte de su consolidación a la especialización y éxito de su catálogo de libros de texto. Por otro lado, muchas editoriales que nunca han publicado un libro de texto escolar podrían negar que venderle a instituciones gubernamentales, como bibliotecas escolares, universitarias y públicas, es indispensable para amortizar el costo de una primera edición de obras que, gracias a esa venta inicial, pasan a formar parte de su catálogo básico. Además, si se logra su adopción como lecturas recomendadas en ámbitos escolares, la venta puede repetirse año tras año.

Hace años, Roger Straus —uno de los fundadores de la prestigiosa editorial Farrar, Straus and Giroux y uno de los editores estadounidenses más respetados— afirmó que si lograba vender a las bibliotecas la primera edición de sus novedades anuales, quedaba asegurada la inversión realizada. En Estados Unidos tienen una ventaja: cada estado del país tiene su propio presupuesto y, en conjunto, generalmente compran de 1000 a 3000 ejemplares de distintos títulos para sus bibliotecas.

En México, los textos para secundaria y preparatoria han estado abiertos a la edición privada bajo el escrutinio de la SEP que, en el caso de secundaria, establece los programas de estudio y revisa su absoluto cumplimiento en todas las ediciones.

¿Cómo participar en ese mercado? ¿Qué es mejor: crear algo nuevo o comprar algo establecido? Esta disyuntiva entre crear o comprar ha sido una constante en el desarrollo de empresas desde tiempos inmemoriales y, particularmente, en la industria editorial, la compra o fusión ha impulsado la existencia y desarrollo: de multinacionales de España, Reino Unido, Alemania, Estados Unidos, Italia y Francia.

Los motivos detrás de la compra o fusión entre empresas buscan capitalizar el potencial de mercado de sus catálogos a nivel nacional, lingüístico e internacional. Estas operaciones pueden incluir, por una parte, la aportación de capital para el desarrollo o la supervivencia de la empresa, o, por otra parte, el relevo de una dinastía editorial cuyos herederos han perdido el interés por la edición, o bien, el pago a acreedores, como el fisco o proveedores, que esperan el fin de la agonía.

Los motivos son múltiples, y cada operación de compra puede representar una oportunidad para la supervivencia de un sello que no solo es comercialmente valioso, sino culturalmente significativo. Los puristas consideran que la compra de una editorial es lo peor que puede ocurrir, porque nadie va a manejar un catálogo como sus fundadores.

A mediados de 1980, la venta de nuestras colecciones en tiendas de autoservicio representaba nuestro principal ingreso, pero necesitábamos pensar en el futuro. El mercado de las colecciones podía cambiar en cualquier momento y, además, otras editoriales confirmaron que nuestro modelo era exitoso, por lo tanto, aumentó la competencia. Queríamos ingresar a un mercado más grande y, hasta cierto punto, más estable, ya que editar libros de interés general para venta en librerías no era suficiente. Entonces, descubrimos un buen mercado y una oportunidad en la edición de libros de texto.

Hablamos con un amigo de la Caniem, Antonio Ruano, un simpático andaluz y conocedor del mundo editorial, director de Aguilar en México. Vendía de casa en casa ediciones muy elegantes de clásicos de literatura universal.

Conversamos con Tony para saber quiénes eran los mejores editores de libros de texto en México aparte de los muy conocidos, como Trillas o Noriega. Nos recomendó acercarnos a Patria, una pequeña editorial con un prestigio bien ganado, pero que no podía crecer porque no tenía capital, el cual apenas alcanzaba para pagar la nómina de dos o tres personas, entre ellas Isabel Lasa, su directora.

En 1930, Jacinto Lasa Sarriegui, su padre, había heredado el inventario de la antigua librería Bouret, que en los primeros años del siglo XX fue considerada la mejor de México, aunque cerró sus puertas en la década de 1920. El acervo de la librería quedó en poder de la Sociedad de Edición y Librería Franco Americana, y luego pasó a manos de don Jacinto, quien en 1933 fundó Editorial Patria. De las tres hijas que tuvo, solo Isabel mostró interés por la editorial de su padre.

Compramos Patria y conservamos su nombre porque era una editorial reconocida en la edición de libros de texto; siempre gozó de buena reputación. Isabel se quedó como socia de Promexa y, por fortuna, ha permanecido como una gran amiga.

Comenzamos a invertirle dinero, lanzamos nuevos títulos y nuevos autores que se sumaron a los que ya tenía Patria. Pero nuestro nicho eran los libros de texto. Llegamos a tener 40 personas dedicadas exclusivamente a la edición y producción de libros de texto de secundaria. Isabel dirigía toda la operación porque la conocía bien; vendíamos en librerías y en escuelas públicas y privadas.

La SEP nos entregaba el temario que llevarían los alumnos durante su ciclo escolar y de inmediato trabajábamos en su contenido, diseño y formación, pero la relación con el gobierno difícilmente era transparente y ocurrían cosas muy extrañas. Por ejemplo, algunas editoriales contaban, de pronto, con la gracia divina y la aprobación de la SEP, y publicaban sus libros de texto antes que todos los demás, lo que nos colocaba en una situación desventajosa.

La SEP autorizaba, daba su sello de garantía y compraba ejemplares con un margen de utilidad muy pequeño para las editoriales, pero lo importante era el volumen.

El crecimiento de las editoriales mexicanas, gracias a la publicación de libros de texto de secundaria, hizo que adoptaran una actitud de autosatisfacción, pues estaban creciendo de manera sostenida, atendiendo diferentes mercados y desarrollando operaciones de puerta en puerta. Durante varios años, todos esos modelos de venta fueron suficientes para la mayoría de las editoriales.

Otra de las razones por las cuales decidimos adquirir Patria fue porque editaba libros para niños. Esto nos dio la pauta para desarrollarnos hacia ese sector. La literatura infantil se presentó como una buena opción para nuestro crecimiento.

En la actualidad, en México se tiene una gran oferta en libros infantiles y juveniles de autores mexicanos, editados y publicados en nuestro país. Incluso existen editoriales o sellos dedicados exclusivamente a esta rama de la industria de los libros. Sin embargo, en la década de 1980 eran casi inexistentes.

Aunque a lo largo de los años hubo ediciones de libros infantiles mexicanos, no había una oferta significativa y la demanda era escasa. Los libros para niños se importaban; libreros y lectores sabían que los principales títulos provenían de editoriales de Argentina y de España.

La industria editorial española estaba aprovechando el periodo de transición política que había comenzado luego del fin de la dictadura con la muerte de Francisco Franco en 1975. Asimismo, fue desapareciendo la censura oficial y, en el caso particular de los libros infantiles, la temática se abrió totalmente, se multiplicaron las traducciones, surgieron autores nuevos, y creció el sector.

Antes de que Patria se asociara con Promexa, había comenzado una serie de libros infantiles ilustrados por pintores mexicanos. Eran libros de no ficción, didácticos, que abordaban temas sobre el mundo que rodea a un niño. La colección se llamaba *Piñata* y era muy popular entre las bibliotecarias estadounidenses que asistían a la Feria de Guadalajara. Estas bibliotecarias compraban libros en español para niños con el fin de atender la creciente demanda de las comunidades hispanohablantes.

El grupo Alfaguara publicó una colección para niños pequeños, en tamaño de bolsillo, que se llamaba Altea. Era una selección con los mejores títulos infantiles en Europa. Nosotros coeditamos varios títulos de esa colección en México; los autores eran anglosajones en su mayoría. En cada libro venía incluida una plaqueta dirigida a los padres que establecía por qué era importante leerles en voz alta a los niños.

Los libros tuvieron buena aceptación, aunque fue una apuesta arriesgada, porque al fin y al cabo eran libros de bolsillo y ese concepto necesitó mucho tiempo para establecerse en México, y más en libros infantiles.

No es que no se conocieran los libros de bolsillo, pero los lectores los asociaban con temas escandalosos como la serie *Populibros La Prensa*, aunque había otros de divulgación de ciencia, historia o conocimientos generales de muy mala calidad.

Todo lo que publicamos de libros infantiles lo vendíamos en librerías, pero no fue nuestro mercado más rentable. Vendíamos muy bien en las ferias, especialmente en las más importantes, como la de Minería, la de Guadalajara o la del Libro infantil y juvenil. También participábamos en otras ferias organizadas por escuelas, comerciantes independientes, o incluso en ventas organizadas por amas de casa y mamás de alumnos en los colegios, donde llevaban títulos de todos los editores y los exhibían en mesas en el patio, ya sea durante los recreos o a la salida. Era una forma peculiar de vender libros que funcionaba.

Cuando empezamos a publicar libros infantiles en español, ya había una inquietud en México por ese tipo de obras, lo cual alentó a algunos editores mexicanos a dedicarse permanentemente a los temas infantiles.

La colección *Piñata* tenía una definición muy clara: sus títulos trataban temas como el mar, el aire, el sol, los planetas, el maíz; eran textos de divulgación y muy didácticos, con ilustraciones sencillas. Fue todo un éxito, incluso llegamos a vender a la SEP miles de ejemplares para las bibliotecas escolares. Me gusta pensar que algo bueno pasó con los niños que leyeron esos títulos.

La literatura infantil cobró una importancia permanente. No pocas editoriales siguieron ese camino. Macmillan, que se dedicaba mayormente a los libros de texto, comenzó también una colección de libros infantiles. SM, una casa editora de los Hermanos Marianistas, tenía una colección envidiable de libros infantiles; hay buenos editores de libros para niños católicos con amplio criterio. Algunas editoriales, como Sélector, adaptaron obras clásicas de la literatura universal para niños como *El Quijote de la Mancha*, la *Ilíada*, la *Odisea.* Sin embargo, nuestro objetivo no era ese; nosotros buscábamos editar libros originales de nuevos autores.

Me da gusto ver tantas editoriales dedicadas a los libros infantiles, aunque muchos son horrorosos, tanto el texto como en las ilustraciones y la edición. Los libros infantiles no son cualquier cosa, puesto que requieren el mismo trabajo profesional que otras categorías.

En México, hay con autores muy talentosos, como Francisco Hinojosa, cuyo libro *La peor señora del mundo*, se convirtió en un éxito de librerías, al igual que otras de sus obras. También está Juan Villoro, con libros como *El libro salvaje* y aquellos protagonizados por su personaje, el profesor Zíper. Ambos autores tienen buena pluma para los libros infantiles y, sobre todo, humor.

Siempre me han interesado los libros infantiles, como lector y como editor. Molino era una editorial familiar de Barcelona que tuvo mucho éxito en los años treinta. Con la guerra civil española (1936-1939), Molino se estableció en Argentina. Los libros que llegaban a México provenían de ahí.

Eran colecciones muy interesantes sobre cuentos de hadas franceses, alemanes, escandinavos, entre otros. Eran libros de gran formato, con tapas amarillas diseñadas para crear un concepto de colección que el niño pudiera identificar fácilmente y así pedir a sus papás un nuevo volumen.

En mi caso funcionó, cuando era niño quería tener todos; pero, como eran de importación y además eran tiempos de guerra, se volvía difícil conseguirlos, pero uno podía identificarlos y en qué librerías podía encontrarlos.

Durante mi infancia, no había casi nada de literatura infantil mexicana; me apasionaron los cuentos de hadas y fantasmas; de ahí pasé a la novela de misterio y policiaca; ahora pienso que ese fue el paso natural porque había muy poca ficción infantil en español, pero había muchos en inglés.

Algunos títulos de Charles Dickens, por ejemplo, eran para todas las edades, como *Oliver Twist* o *David Copperfield;* también las obras de Julio Verne, o las del escritor italiano Emilio Salgari. Los libros de todos ellos se convirtieron en obras clásicas y se siguen leyendo.

Tardé en leer a Salgari, no me enteré de su existencia hasta que tuve unos vecinos que lo leían apasionadamente. Más tarde, siendo adolescente, encontré una librería en la colonia Roma que alquilaba sus obras y otros títulos por 50 centavos al día.

Mis vecinos eran buenos lectores. También les gustaban las obras de Julio Verne y otro autor que me parecía espantoso, Miguel Zévaco, autor de la serie *Los Pardaillan*, que escribió novelas de capa y espada muy populares, pero que a mí me parecían una mala copia de Alejandro Dumas.

En nuestra colección *Clásicos Infantiles* incluimos un manuscrito de Felipe Garrido, autor mexicano, titulado *Tajín y los siete truenos*; las ilustraciones eran de Pedro Bayona, un pintor no muy conocido y un magnífico ilustrador. Ambos encontraron en la literatura infantil un campo propicio para su creatividad.

Los hermanos Grimm han sido objeto de toda clase de inspiración —por no llamarle plagio— de muchos escritores. Hace pocos años, salió una nueva edición de sus cuentos traducida al inglés. Según los editores, todas las traducciones del alemán eran nuevas: versiones completas, sangrientas y crueles, tal como aparecieron originalmente. Esta edición tiene un aparato crítico y 70 cuentos. Además, está ilustrado muy atractivamente; pero, como son versiones originales, su diseño es tenebroso, ideal para los hermanos Grimm.

Sin duda, los cuentos de los Grimm fueron escritos para convertirse en libros de cabecera porque se pueden abrir en cualquier parte y el lector se encontrará con algo espantoso y lleno de misterio. En su momento, fueron libros moralizantes, aunque no de manera explícita.

Hans Christian Andersen era mucho más fantasioso, lírico y amable. En cambio, las obras de los hermanos Grimm provenían de cuentos y leyendas que recopilaron de muy diversas fuentes, pero todas estaban inspiradas en el folclor popular alemán.

Detrás de todo esto, se encuentra la figura del editor que tiene en mente la importancia de crear un catálogo de libros para cada edad a fin de que forme parte de la educación del niño desde los primeros años de vida.

Idealmente, todas las bibliotecas deberían tener una sección para libros infantiles, ya sean bibliotecas públicas o privadas. El programa Biblioteca de Aula de la SEP fue una gran oportunidad para los niños y las editoriales. La Secretaría de Educación era una gran compradora. Sabía perfectamente bien qué libros quería y sobre qué temas; siempre hubo funcionarios con una vocación para promover la lectura.

En una de las tantas secciones de la SEP, estaba Martha Acevedo, una maestra que originalmente era bióloga, pero había llegado al departamento de Libros del Rincón para fomentar la lectura en niñas y niños. Se dedicó a reunir libros para localidades con una población menor a 10 000 habitantes. Reunía toda una biblioteca básica y la enviaba a las localidades más alejadas y aisladas por cualquier medio disponible. Era toda una estructura dedicada solamente a los niños de las regiones más remotas del país, una auténtica misión cultural.

Martha tenía una visión muy peculiar. Le gustaban los libros que publicábamos y nos llegó a pedir obras de divulgación científica. Como tenía formación en ciencias y era muy inteligente, sabía lo que quería. A través de ella, la SEP nos compró varios títulos de Piñata.

Es una desgracia que haya desaparecido el programa Biblioteca de Aula, sobre todo porque era muy conveniente para los niños y adolescentes tener a su alcance títulos, autores, literatura e historia, con escritos creados especialmente para ellos.

Durante el sexenio del presidente Miguel de la Madrid (1982-1988), en la SEP había conciencia de la importancia de los libros para niños; creían con clara convicción en la necesidad de abrir bibliotecas. Querían que cada municipio en México (son casi 3 000) contara con su biblioteca pública. Hoy en día existen bibliotecas públicas en un 93% de los municipios. Habría que ver en qué condiciones se encuentran, qué acervo manejan, qué servicios ofrecen —incluyendo los digitales—, cuál es su estado físico, etc. El proyecto es invaluable y debería recuperarse por ser un foco de lectura, entretenimiento y aprendizaje sobre todo en esta época digital.

A partir de la década de 1970, se multiplicaron las editoriales de libros infantiles. Hay una editorial en Guadalajara que se llama Petra y, en esos años, empezó a publicar libros más innovadores. Apostaron por libros sin ilustraciones, entre otras rarezas.

El catálogo de Petra Ediciones es extraordinario. Fue premiado en la Feria del Libro Infantil de Bolonia, la más importante de libros infantiles. Su editora, Peggy Espinosa, es una mujer muy inteligente y audaz, y una gran lectora que siempre había querido hacer libros infantiles. Sus títulos la han llevado a todas las ferias internacionales y han sido traducidos a varios idiomas.

Patricia Van Rhijn dirige la editorial Cidcli. También es una editora innovadora, premiada, que ha alentado la producción de libros escritos por poetas y literatos e ilustrados por artistas, todos ellos nacionales. Su colección tiene gran calidad literaria y gráfica. Contra viento y marea, ha logrado sobrevivir a todo, al igual que Petra Ediciones. Otras editoriales dedicadas al universo infantil son Ediciones Tecolote, de Cristina Urrutia, de muy elevada calidad; Ediciones La Isla; Fondo de Cultura Económica gracias a Daniel Goldin; Axolotl; Embarcadero, Pluralia, etcétera.

Varias de ellas han editado libros en lenguas indígenas para la SEP y, sin duda, es una aportación importante para mantener vivas las más de 60 lenguas que subsisten en México.

Compramos Nueva Imagen, una editorial que publicaba libros de interés general y tenía un catálogo exitoso, ya que contaba con autores como Mario Benedetti, Julio Cortázar, Guillermo Bonfil Batalla, entre otros autores con un público establecido. Benedetti no solo era un novelista reconocido (*La tregua*, 1960) y un buen cuentista (*Montevideanos,* 1959), también escribía poesía con éxito en ventas, lo que no suele ser común. Asimismo, la editorial tenía los derechos de *Mafalda* para México y sus cuadernos de historietas se vendían permanentemente.

Sin embargo, una editorial puede tener libros con buena aceptación entre los lectores y también contar con libros que no tienen demanda. Por lo tanto, el inventario que va construyendo es fundamental, pero si sus libros no se venden, sobreviene una crisis financiera. Ese era uno de los problemas por los que atravesaba Nueva Imagen.

La crisis de una editorial puede tener su origen en un inventario excesivo, en la edición de libros que no se vendieron o en problemas de capital por no tener la liquidez suficiente para cubrir sus compromisos, como el pago de regalías a los autores. Al adquirir una editorial, el primer paso generalmente es pagar las deudas, el siguiente es liquidar inventarios estáticos y luego invertir en nuevos títulos.

Para Promexa, la adquisición de Nueva Imagen fue un buen negocio. Era una editorial fundada por Sealtiel Alatriste y Guillermo Schavelzon con una clara tendencia de izquierda, denominada en esos años «progresista». Además de la exitosa *Mafalda* y de las obras de Mario Benedetti, la editorial contaba con títulos de Julio Cortázar, porque en los años setenta y ochenta, muy pocos agentes o autores vendían los derechos para toda la lengua española, preferían ofrecerlos a países como España, México y Argentina.

Alatriste y Schavelzon eran buenos editores. Sabían qué podía venderse con éxito, tenían un olfato comercial agudo y, como simpatizaban con los movimientos de izquierda en America Latina, empezaron a publicar libros de ciencias políticas y de historia con esa tendencia, algunos fueron exitosos porque se convirtieron en textos universitarios. También crearon sus propios títulos, por ejemplo, *Antología del cuento mexicano,* de María del Carmen Millán, una maestra muy respetada de la Facultad de Filosofía y Letras de la UNAM cuya obra se vendía bien porque se convirtió en libro de texto.

El 60% de las ventas de una editorial, idealmente, debe provenir de su catálogo, con lo cual se cubre el gasto corriente y se libera capital inmovilizado en inventario. Luego están las novedades editoriales que son «apuestas» de los editores; pueden llegar a ser parte del catálogo permanente si la apuesta resultó exitosa. Estas novedades pueden representar el 25% de la venta. El otro 15% son libros que no se van a vender ni a mitad de precio.

Al comprar Nueva Imagen, nos dimos cuenta de que, además de Alatriste y Schavelzon, había un socio mayoritario que operaba a través de un testaferro. Con el tiempo y algunos rumores que corrían en el mundo editorial, supimos que ese inversionista principal era el expresidente Luis Echeverría.

En ese entonces, había fundado el Centro de Estudios Económicos y Sociales del Tercer Mundo. Como no le faltaban recursos económicos, había financiado una buena parte del éxito de la editorial, pero como suele suceder, uno o más éxitos no garantizan que los inversionistas siempre estén interesados en continuar invirtiendo. La compra de Nueva Imagen no la cerramos con el expresidente, sino con su testaferro ante notario.

El caso de *Mafalda* fue muy interesante porque nos llevó a un terreno en el que no habíamos participado: el trato con agentes literarios o autores que negocian sus propios derechos, como fue el caso de Quino y su esposa, quienes eran los dueños de *Mafalda*, y de otros cartonistas argentinos de izquierda cuyas obras se vendían bien.

Alicia, la esposa de Quino, manejaba ferozmente los derechos autorales; era fantástica cobrando. Cuando adquirimos Nueva Imagen, estaba muy molesta porque no le habían pagado regalías a su marido y por el abuso de un editor de Colombia, supuestamente de izquierda, que había adquirido los derechos para vender *Mafalda* en su país. Sin embargo, el muy listo mandaba sus ediciones a México, directamente a varios clientes que formaban parte de una red de piratería.

Alicia nos ofreció los derechos de *Mafalda* para México con la condición de que persiguiéramos a las personas que estaban invadiendo el mercado mexicano. Como identificamos quiénes eran los responsables, aceptamos.

Denunciamos y levantamos un acta. Luego se llevó a cabo un operativo: la policía llegó al lugar donde tenían miles de ejemplares de *Mafalda*, clausuraron el almacén pirata, y todos felices. Este tipo de acciones no impide que exista un mercado nacional de libros pirata o libros robados en ciertas partes del país, los cuales se venden más baratos que en librerías.

Con los Quino tuvimos una relación muy buena. Era una pareja muy reservada y bastante desconfiada porque tenían una mina de oro con *Mafalda*. Nos ganamos su aprecio y confianza porque cumplimos con todo lo que pedían y pagábamos con puntualidad sus regalías, lo cual les permitía vivir en Europa. Habían salido de su país por cuestiones políticas y vivían la mayor parte del tiempo entre Milán y Buenos Aires. Eran una pareja austera en su forma de vida y disfrutamos trabajar con ellos porque la confianza siempre fue mutua.

Quiero hacer una reflexión adicional sobre la piratería, problema ancestral que afecta la economía del libro en México. Según declaraciones del Centro Mexicano de Protección y Fomento de los Derechos de Autor (CeMPro) al diario *El Universal*, en 2023 la piratería de libros en papel aumentó el 10%, y la digital, el 12%. CeMPro añade que «iniciamos un sexenio en el cual 4 de cada 10 libros que se leían en México eran piratas, y ahora son 5 de cada 10. Y en temporada escolar ese porcentaje aumenta». La Ciudad de México es el gran mercado pirata. Según un viejo cálculo (2017), las redes de piratería estaban percibiendo 15 000 millones de pesos anuales. CeMPro señala que los llamados a realizar operativos para interrumpir y detener el comercio ilegal no han tenido eco en la Fiscalía Especializada, ni a nivel federal ni en la Ciudad de México. Tampoco fue considerada en materia de seguridad dentro de la Estrategia Nacional de Lectura, y no pudieron concretar esas voluntades en acciones u operativos. Actualmente, el escenario es bastante catastrófico según CeMPro.

En la década de 1980, la red librera en México, salvo algunas excepciones, como las Librerías de Cristal, era poco audaz. Los libreros no tenían imaginación ni interés en innovar o atender, simplemente esperaban a que la gente llegara a la librería a preguntar por algún título y no estaban comprometidos con la promoción o con una exhibición abierta dentro de sus propias librerías. La mayoría seguía con el modelo decimonónico tradicional que consistía en atender al cliente en el mostrador.

Aunque en la ciudad de México había varias librerías reconocidas, como La Librería de Cristal (1941), Zaplana (1945), El Sótano (1967), Gandhi (1971), El Parnaso (1980) o La Casa del Libro, el tránsito de la economía cerrada a la era del libre comercio a mediados de 1980 transformó las librerías.

Gandhi revolucionó el mundo de las librerías porque, además de ofrecer a los clientes las más recientes novedades y contar en su inventario con títulos sobre literatura, historia, política, ciencia, salud y, desde luego, a los autores clásicos en distintas ediciones, ofrecía grandes descuentos e importaba —desde España, Argentina y otros países— colecciones, títulos individuales, discos y películas en los formatos del momento, que vendía a precios muy económicos.

Más tarde, Gandhi agregó a su oferta obsequios, afiches, juegos de mesa, *coffee table books*, tazas, separadores, es decir, todo lo relacionado con el mundo de los libros. Para rematar, abrió su propia cafetería en su primera sucursal, Miguel Ángel de Quevedo, que luego replicó en otras sucursales. De ese modo, Gandhi dejó de ser solo un punto de venta de libros para convertirse en una experiencia para la gente.

Curiosamente, Gandhi tardó años en abrir sucursales pero ahora representa para la industria editorial cincuenta puntos de venta a nivel nacional. Su nombre es sinónimo de librería y su publicidad refleja la experiencia de comprar en ella. Antes había pocas cadenas de librerías, salvo La Librería de Cristal que llegó a tener sucursales en las principales capitales del país. Esta librería tenía varios socios, entre ellos estaba el promotor de ese gran proyecto, Rafael Giménez Siles, originario de Málaga, y el reconocido escritor Martín Luis Guzmán.

Ellos también eran editores y con el sello Ediapsa publicaron libros de literatura, contemporáneos y colecciones de clásicos que producían para vender de puerta en puerta, como las obras de Émile Zola o *Las mil y una noches*, entre otras. Era un proyecto muy ambicioso que funcionó durante muchos años. Crecieron y llegaron a tener más de cuarenta librerías en el país.

Las Librerías de Cristal alcanzaron reconocimiento como editores de libros de texto porque tenían sus propios puntos de venta y, al inicio de cada ciclo escolar, los padres de familia abarrotaban sus librerías buscando los títulos que los colegios exigían para sus cursos. Como editores, también lograron muy buenas ventas por sus ediciones de *El lobo estepario* o *Demian*, de Hermann Hesse, títulos que generalmente eran obligatorios para las clases de literatura en las escuelas.

Hacia 1993, Promexa se había diversificado ampliamente: teníamos el negocio de las colecciones para autoservicios, la distribución de libros de editoriales españolas, los libros de texto, los libros infantiles y, además, teníamos Nueva Imagen.

Para poder continuar en el mercado editorial, había llegado el momento de capitalizarnos. Teníamos invertida gran parte de nuestros recursos en las distintas áreas; en cuanto a las colecciones, si bien contábamos con los anticipos que proporcionaban los clientes como Aurrerá o Comercial Mexicana, el resto de las ediciones lo financiaba Promexa.

Queríamos hacer más libros infantiles, pero difícilmente podíamos llevarlo a cabo porque, en términos editoriales, el negocio de los libros de texto se había vuelto muy complejo y también requeríamos inversión; no cualquiera se puede poner a hacer un libro de texto. Fue así como Rafael, Isabel y yo decidimos vender una parte de Promexa para capitalizar algo de lo que habíamos invertido.

Buscamos empresas que quisieran una parte del mercado que nosotros teníamos captado y cerramos la negociación de una venta parcial con Publicaciones Cultural (editores de libros de texto que tenían entre sus títulos el famoso libro de álgebra de Baldor; además, contaban con un buen catálogo que se enriqueció al sumar el de Patria).

Rafael e Isabel aprovecharon la coyuntura y dejaron Promexa. Yo me quedé un año más en Publicaciones Cultural hasta que se volvió difícil trabajar con ellos. En cierto modo, ya habíamos llegado al límite de nuestro interés y queríamos hacer otras cosas.

Finalmente, en 1995 vendimos el resto de Promexa a Grupo Anaya —grandes editores de libros de texto en España—, que había comenzado a adquirir editoriales que le convenían, le interesaban o se le presentaban.

Promexa fue una empresa que siempre trabajó con números negros. A pesar de ciertos momentos difíciles —incluidas varias crisis económicas nacionales—, no hubo obstáculo que no pudiéramos superar; no le quedamos a deber a nadie y siempre cumplimos en tiempo y forma. Eso nos dio prestigio dentro de un gremio que se ha ganado calificativos tan extremos como voraz y mezquino, o valiente y estoico.

Nuestra editorial nos dio lo suficiente para vivir de ella durante años; fue una experiencia emocionante, divertida y la pasamos muy bien. Conocí los recovecos del mundo editorial mexicano, del mercado de los libros, de las ferias y de los negocios nacionales e internacionales. Aprendí de la distribución, de las librerías, de la importación de obras y de la edición de principio a fin. Fueron unos años memorables para todos nosotros.

Después de Promexa, me fui por un breve tiempo como director en Citem, distribuidora de libros y revistas, particularmente de publicaciones periódicas. También fue un gran aprendizaje y estuve ahí año y medio.

No me llovieron ofertas de trabajo cuando terminé con Promexa. Así que, cuando recibí la oferta de Citem, no lo dudé. Pensé que era lo que había para una persona de casi 60 años, además me agradó mucho su personal; era un ambiente totalmente distinto al que había conocido durante años.

Las editoriales de revistas se acercaban a Citem para que distribuyera sus productos en todos los lugares de venta disponibles para publicaciones periódicas; ese era el negocio y cobraban por ello. El tema de las devoluciones era algo muy complejo: básicamente, lo que no se vendía se le regresaba al editor; este modelo permanece en la actualidad. Claro que las editoriales de libros y revistas desearían que la compra fuera en firme, pero así no funciona ese mercado.

El tiempo de vida de una revista depende de la editorial y del punto de venta, por eso es tan importante la información: saber qué se tiene y qué se vende. En otras palabras, la retroalimentación es fundamental para el éxito del producto y del negocio.

Mi paso por Citem fue muy interesante porque nunca había conocido editores de revistas, ni el sistema de distribución. Conocí a editores jóvenes y de vanguardia, que publicaban revistas de la mayor diversidad posible. Así conocí a Arturo Coste, editor de vanguardia, con quien formé una gran amistad. Para ser distribuidor, no solo es importante un buen sistema de información, sino también contar con un buen almacén y un sistema de informática de punta para dirigir el acervo de cada editor hacia los diferentes puntos de venta.

Distribuíamos la revista *Proceso*, sobre todo a Sanborns. En una ocasión, me tocó tratar el caso de un político —de esos que se creen dueños de todo y que pueden hacerlo todo— que desayunaba todos los domingos en Sanborns con su revista *Proceso*. Nosotros la distribuíamos desde el sábado por la noche, así que, al menos en la Ciudad de México, se podía conseguir temprano el domingo.

Como el político solía irse de fin de semana a Acapulco y al señor no le gustaba desayunar sin su lectura dominical, había que embarcar en avión un paquete de la revista y entregarlo en Sanborns Acapulco para que pudiera tener su ejemplar, junto con sus chilaquiles y su café, a la hora del desayuno.

En Citem, conocí un mercado peculiar e interesante. Había intermediarios que compraban y vendían saldos de revistas españolas sobre decoración, mecánica, modelismo y otros temas especializados. Los compraban en España a precios bajos y las traían a América Latina para venderlas. Era un buen negocio porque eran saldos y no había devoluciones.

En la distribución en quioscos o puestos de periódicos, era necesario tratar forzosamente con la Unión de Voceadores y a veces con los propios voceadores, uno a uno. Existían dos o tres agrupaciones que tenían controlado el mercado y no había para dónde hacerse: o se trabajaba con todos o no trabajabas.

La Unión de Voceadores era una agrupación tan poderosa que, en el Día del Voceador, el presidente de la República desayunaba con ellos.

Si bien la venta era mediante el modelo de consignación, se acordaba con cada puesto de periódicos el número de ejemplares de cada revista que solicitaban. Se abría un crédito, se surtían las revistas hasta el límite del crédito y después se hacían cuentas.

En ocasiones había problemas. Por ejemplo, si queríamos que un producto estuviera distribuido en todos lados, pero los voceadores no tenían suficiente crédito, decidíamos si ampliábamos su línea de crédito para que pudieran contar con más ejemplares.

La competencia con otras distribuidoras era feroz y, al igual que sucedía con los autores de libros, las editoriales de revistas podían acusarnos de no vender lo suficiente de cada número de sus títulos y amenazaban con cambiar de distribuidora. Era un negocio complejo, porque, dejando de lado los puestos de periódicos, ninguna librería, excepto Sanborns, vendía revistas.

La distribuidora ganaba un porcentaje de la venta, dependiendo de lo colocado en cada puesto de periódicos, lo cual era acordado previamente con la editorial. Casi siempre eran normas establecidas.

Es interesante ver lo que sucede en la actualidad. Ahora el lector tiene acceso a todas las revistas nacionales e internacionales. Solo es necesario suscribirse digitalmente para que el contenido esté disponible a cualquier hora del día y en cualquier dispositivo móvil. Suscribirse a una revista en su versión impresa y esperar a que llegue al domicilio es casi un acto nostálgico.

Citem compró un gran fondo de lecturas infantiles en español de una editorial inglesa para vender en México. Los libros no eran de texto y estaban dirigidos a niños de nivel preescolar y de primaria. Fue todo un reto venderlo porque era muy extenso y teníamos muchos ejemplares, incluso le hicimos una venta al Gobierno de Bolivia.

De pronto, estaba vendiendo libros otra vez y encargándome de la distribución, cuando se presentó la oportunidad de ingresar a Grupo Planeta.

VI
Agentes literarios y ferias del libro

Hace muchos años, la Cámara Nacional de la Industria Editorial Mexicana (Caniem) era bastante exclusiva. En aquel entonces, no había obligatoriedad de pertenecer a una Cámara. Si les interesabas como miembro, probablemente sus socios te contactaran. Pero si una editorial quería formar parte por iniciativa propia, era necesario buscar algún contacto o socio para obtener su recomendación.

Cuando las colecciones de Promexa ya eran conocidas, nos llamaron de la Cámara para invitarnos a ser socios. No perdíamos nada conociendo cómo operaba la Caniem. Así que me presenté en su sede que estaba en el centro de la ciudad. Mi visita coincidió con el periodo de elecciones, por lo tanto, fui testigo del proceso y de cómo se repartían las funciones los socios que resultaron electos. Me pareció un gremio completamente cerrado y consideré que no valía la pena unirnos a él.

Años después, cuando ya editábamos libros de texto a través de editorial Patria, sí fue necesario formar parte de la Cámara. En teoría, ante el gobierno, no existías ni podías participar en licitaciones —por ejemplo, para los libros de texto de la SEP— si no eras miembro de la Caniem.

Las cuotas dependían del capital de cada editorial. Había distintos niveles de membresía para ser socio y, además, era un buen lugar para saber qué estaba pasando en el gremio y escuchar todo tipo de indiscreciones. Ahí conocí a muchos libreros, y en la Feria Internacional del Libro de Guadalajara, a muchísimos más.

Con el crecimiento de la industria editorial, la Cámara tuvo que abrirse y hoy cumple una función muy importante como representante del gremio en un mercado mucho más variado y difícil de navegar.

A principios de la década de 1980, ya como socios de la Cámara, casi no asistíamos a las reuniones porque no había nada que hacer. Además, los socios más importantes no escuchaban ideas nuevas y, por si fuera poco, las grandes editoriales nos consideraban advenedizos.

La manera en que vendíamos los libros les parecía una intromisión, casi una afrenta: «Nosotros no vendemos en autoservicios, pero tampoco queremos hacerlo. Ustedes van a fracasar», solían advertirnos. Nos consideraban improvisados y siempre afirmaban con cierta burla: «Ustedes no son Salvat». Recibíamos más críticas en contra que a favor. Los príncipes de la industria editorial dudaban de nuestro modelo de negocios.

Durante esa época, en la cámara también había socios que estaban en contra de la importación de libros porque lo consideraban una competencia desleal. Sin embargo, aquellos que distribuían libros importados de España, Argentina o de otros países compartían nuestra concepción de que el libro no tiene fronteras, no debería pagar impuestos de importación, ni estar sujeto a restricciones de movimiento. Las empresas que vendían papel en México también se oponían a la importación.

Por fortuna, la realidad del país y la dinámica de la creciente industria terminaron por imponerse y en el mundo editorial mexicano pudieron coexistir la producción nacional con las importaciones cada vez con mejores resultados.

A pesar de todas las críticas, nuestro mecanismo de ventas en tiendas de autoservicio no tardó en ser replicado tanto en México como en España. Por ejemplo, Carmen Balcells —una de las agentes literarias que en aquel entonces estaba ganando buena fama y llegó a ser una de las más importantes— entendió perfectamente de qué se trataba nuestro modelo y nos ayudó en la compra de derechos de autores literarios para nuestras colecciones. Después hizo lo mismo. Se asoció como agente con unos promotores de libros en quioscos y juntos organizaron una compañía que se llamaba RBA. Después editaron varias colecciones similares a *Las Grandes Obras del Siglo XX* en España.

Carmen era un personaje fantástico, inigualable, irremplazable, pícara, pilla; era dura para negociar y, por lo mismo, coleccionaba demandas por distintos motivos, aunque todos relacionados con los libros. Carmen Balcells contaba con varias colaboradoras y, en una ocasión, en la Feria de Frankfurt, Rafael de Yturbe y yo nos topamos con ellas. En esos momentos estaban enfrascadas en un juicio muy público y Rafael, que era muy ocurrente, le dijo a Carmen: «No esperaba verlas por aquí porque juntas suman 20 años de prisión». No tuvieron más remedio que reír.

Carmen y otros agentes literarios querían saber qué estábamos haciendo en México porque lo consideraban su mercado natural, y tenían razón: era un mercado con el que compartían el mismo idioma y, por lo tanto, estaban convencidos de que los mexicanos debían leer lo que los españoles publicaban.

Por eso, en México empezaron a establecerse representantes oficiales de editoriales como Planeta, que empezó mucho tiempo atrás vendiendo obras de puerta en puerta y ya tenían un inmenso negocio.

Las estructuras de venta de puerta en puerta solían ser diferentes dentro de las propias editoriales y funcionaban porque había un público que salía poco de casa y nunca visitaba una librería; esperaban que alguien tocara la puerta para ofrecerles algún título que les pudiera interesar.

Muchas editoriales mexicanas y españolas con un catálogo adecuado contaban con un departamento de venta directa al lector incluyendo las editoriales religiosas. Ese negocio es complicadísimo porque requiere que la editorial tenga capital suficiente para financiar sus publicaciones y mantenerse en equilibrio hasta que ingresen los recursos derivados de las ventas en abonos. Además, deben contar con un sistema de cobranza altamente eficiente.

En aquellos años, mediados de 1980, apenas comenzaba la domiciliación de pagos en España, lo cual favoreció la cobranza, pero en México todavía se veía lejana esta opción.

El agente literario es una figura necesaria en el mundo editorial porque allana el camino para que un autor, ya consagrado o con un potencial en ciernes, tenga la posibilidad de decidir, entre varias opciones editoriales, la que más le convenga para publicar y negociar las mejores condiciones económicas. También es el enlace directo para una editorial que está interesada en adquirir los derechos de publicación de determinados autores.

El agente literario surgió por necesidad: imaginemos a un novelista de 1920 que escribe una obra excepcional y vive en Carolina del Norte. ¿Qué hace? Con trabajos hay un teléfono en su pueblo y llamar a alguna casa editorial en Nueva York es impensable, y si llegara a contactarla nadie le prestaría atención.

Lo que antes hacían los autores era enviar el manuscrito a la editorial directamente y en nombre sea de Dios. Originalmente el librero o el *publisher* era el que leía todo lo que llegaba y decidía qué publicar; la editorial podía contar con sus propios lectores para dictaminar las obras y decidir.

Estos editores se volvieron famosísimos; hay decenas de epistolarios de los editores con escritores famosos o con otros autores que fueron muy distinguidos en su momento y que ahora ya nadie los lee, hablando sobre los cambios de edición para sus libros.

Además de los agentes, los manuscritos llegan por recomendación o a través de otro autor. Hay muchas formas de hacerlo, pero también es interesante que un editor salga a buscar talento.

Muchas veces el editor ve quién está escribiendo en el periódico y quién podría escribir un libro, quiénes son los editorialistas, los que escriben ensayos, los que están en la televisión, los mediáticos. Hay muchas formas de identificar y contactar a un autor potencial. También te pueden venir a buscar si eres semifigura pública o académica. Pero junto a todas estas figuras y opciones se levanta la del agente literario.

Los agentes literarios tienen la fama de ser muy difíciles porque están en busca de que el autor al que representan tenga éxito. Conocen a las editoriales y saben con cuál vale la pena publicar, de acuerdo con el catálogo y líneas editoriales de cada empresa. Además, saben establecer condiciones favorables para el autor.

Es una fauna muy especial: en cierto momento, algunas personas locales aspiraron a ser representantes literarios y reclutaron a varios escritores para gestionar su lanzamiento y presencia en España y Europa, pero no prosperaron porque ya existía una red de agentes literarios dedicados a la creación latinoamericana, con un largo historial de nexos con editoriales europeas.

Los autores en general reciben el 10% de regalías sobre el precio de portada de cada libro vendido; así es en casi todo el mundo. Para los autores que venden millones de ejemplares, el porcentaje puede ser mayor y todo es negociable: las regalías, los pagos, el anticipo, bonificaciones adicionales, pero en términos generales los autores reciben el 10% y el agente literario recibe una comisión por la negociación, la cual es cubierta por el autor.

Un aspecto importante en la contratación de un libro es el anticipo que paga el editor por publicar un título. La cantidad se estima en función de la expectativa de ventas sobre un precio promedio de venta al público, y el agente siempre tratará de que el editor se comprometa a una primera impresión con un tiraje elevado para que el anticipo sea lo más alto posible.

Algunos agentes literarios han hecho mucho dinero al representar a autores de gran venta internacional. En estas negociaciones, los agentes tienen todo en la cabeza —números de ventas, rangos de anticipos—, o bien cuentan con un contador que, detrás de escena, se encarga de hacer los cálculos antes de negociar con un editor. Tampoco es extraño que un agente esté negociando con dos o tres editores al mismo tiempo para llegar a un monto deseable. Se supone que esto nunca sucede pero es parte de la picaresca del mundo editorial.

En ocasiones, el agente literario tiene el nuevo libro de un determinado autor que ya no está contento con la editorial que lo publicó, por lo que anuncia discretamente que el nuevo título será sometido a subasta y se recibirán pujas en los siguientes días.

Si no hay conflicto entre el autor y la editorial, esta última también puede participar en la puja. Si el autor no era famoso, es posible que la editorial solo haya contratado una obra. Sin embargo, cuando se trata de autores exitosos, las editoriales suelen adquirir los derechos de varias de sus siguientes obras para asegurarse de no perderlos.

En la actualidad, la mayoría de los contratos para la edición de una obra establece una cláusula que señala que si el autor tiene una nueva obra, su primera opción para ofrecerla será la misma editorial que lo publicó anteriormente. No obstante, no hay obligación de publicarla; si no les gusta a los editores, el autor puede llevarla a otra editorial.

En otros casos, los derechos de una obra no los maneja el agente literario, sino la editorial que publicó la primera edición. Por contrato, esta editorial puede ofrecerlos a otros países para su traducción a varios idiomas, o para su adaptación a guion cinematográfico o serie de televisión. Casi siempre es la editorial original la que vende los derechos, pero también puede participar el agente, no hay una regla definida. En estos casos, todas las partes se benefician.

Existe todo tipo de libros, aunque las editoriales siempre buscan afanosamente los que puedan convertirse en *bestsellers*. En ocasiones, los agentes literarios venden los derechos antes de que el libro se imprima; los editores saben que la más reciente obra de un autor mundialmente reconocido se venderá muy bien, sea buena o mala. En otros casos, ofrecen el manuscrito para que el editor lo lea y decida, y también hay situaciones —como me ha pasado en la Feria de Frankfurt— en la que los agentes le entregan a los interesados una hoja con la sinopsis de la obra, y la decisión de comprar los derechos se basa en ella.

Son tantas las circunstancias en la compra de derechos que no pueden faltar situaciones graciosas, hechos curiosos y grandes sorpresas. Lo más emocionante y divertido sucede cuando el mundo editorial no espera nada de un libro y, de pronto, se convierte en un éxito mundial, como sucedió con *Harry Potter*.

Nadie conocía a J. K. Rowling. Era una maestra de primaria, con una niña, desempleada y un tanto desesperada. Un día tuvo una idea, se sentó a escribirla y envió su primer manuscrito a Bloomsbury, una editorial británica relativamente nueva e independiente, y los editores vieron el futuro en ese texto.

Harry Potter se convirtió en un fenómeno porque encontró un público juvenil ávido de leer una historia que reuniera magia, aventuras, suspenso y acción en un entorno escolar. Las circunstancias también jugaron a su favor. Rowling tuvo un éxito inusitado en el mundo anglosajón, donde impera una larga y magnífica tradición en libros infantiles: llegó para quedarse. Se hizo millonaria con sus libros y con sus adaptaciones al cine. Fue todo un fenómeno editorial inesperado. A la fecha se han vendido más de 600 millones de ejemplares de la serie.

También hay casos en los que los agentes literarios saben leer el mundo editorial, advertir el talento de los autores y encontrar la manera de acercarse a ellos para ofrecer sus servicios.

La famosa agente literaria, de origen catalán, Carmen Balcells abrió su agencia en 1960 y, pocos años después de la aparición de *Cien años de soledad*, se convirtió en la representante literaria de Gabriel García Márquez. No tardó en consolidarse como una gran agente, muy deseada por los escritores hispanoamericanos. Era una extraordinaria vendedora de derechos y siempre tuvo en mente obtener los mayores beneficios para sus autores.

Carmen fue el terror de muchos editores: firme de carácter, ambiciosa, despiadada para negociar y, al mismo tiempo, encantadora y graciosa. La conocí bien y llevamos una buena relación. Podía hablarle con franqueza, discutir cualquier tema y hablar sobre los autores y sus obras. Siempre se hacía acompañar de dos asistentes que también eran terroríficas.

Julio Cortázar tenía como agente literaria a su exesposa que trabajaba en Gallimard y manejaba sus derechos. Negociamos con ella directamente para incluir *Rayuela* en la colección *Las Grandes Obras del Siglo* XX.

En México, hubo algunas personas que intentaron ser agentes literarios, aunque sin éxito; la mayor parte de la oferta editorial literaria nacional solo interesaba a los lectores mexicanos. En el mejor de los casos, el agente literario mexicano se transformó en promotor y organizador de eventos concretos, como presentaciones y conferencias de sus autores, pero no en vendedor de derechos.

Ese mundo es sumamente competido y puede haber sorpresas. Por ejemplo, un autor, de repente, deja a su agente literario para irse con otro y estalla el escándalo en los círculos editoriales. También puede causar furor que un agente literario ofrezca la nueva obra de uno de sus autores a una editorial diferente de la que solía publicarlo o, peor aún, que un agente literario «se robe» a un autor que ya tenía un contrato firmado con una editorial. En todo caso, lo que decide son los intereses económicos.

Esto está muy bien explicado en el libro *Por el gusto de leer* (Tusquets, 2014), de Juan Cruz Ruiz, que es una larga conversación con Beatriz de Moura, donde la fundadora y editora de Tusquets habla de su experiencia profesional. En uno de los pasajes, cuenta cómo la agente literaria Carmen Balcells les quitó a Javier Cercas.

El escritor Javier Cercas saltó a la fama con su obra *Soldados de Salamina*, publicada por Tusquets en 2001. A partir del éxito editorial, Beatriz de Moura y Antonio López Lamadrid establecieron una estrecha relación con Cercas que iba más allá de la que se establece profesionalmente entre editor y autor.

Según Beatriz, un día entró en escena la agente literaria Carmen Balcells y le dijo a Cercas: «Ya eres un autor de un millón de euros de anticipo». Javier lo creyó y dejó a Tusquets, con quien ya tenía firmado un contrato. Carmen le consiguió el anticipo por dicha cantidad y otra editorial publicó su siguiente novela *La velocidad de la luz* —a la cual no le fue tan bien como la anterior—. Como era de esperarse, la relación amistosa de Beatriz y Toni con Cercas se enfrió por completo, y el vínculo profesional y respetuoso que Carmen, como agente literaria, tenía con Tusquets también quedó por los suelos.

Hay muchos casos así en la industria editorial. Al final, es un asunto de ética y de maneras, sobre todo cuando hay contratos firmados. La decisión en gran medida es del autor. Muchos piensan: «Me quedo con quien me hizo famoso», aunque siempre hay espacio para negociar mejores condiciones para todos.

También hay autores que dejan a la editorial que los publicó por un poco más de dinero y luego quieren regresar porque les va mal o el nuevo proyecto no funcionó. Como editor, no sabes si el libro fracasó porque no gustó, no encontró a los lectores adecuados o el tema no llamó la atención. Esas cosas suceden.

La relación con los autores puede ser difícil, puesto que cada escritor se comporta de manera distinta. Algunos consideran que el trato que reciben de la editorial no es adecuado, que no les pagan lo suficiente de anticipo, o simplemente se encuentran con un amigo que habla maravillas de otra editorial.

A Carmen Balcells la conocí cuando en Promexa comenzamos a publicar nuestras colecciones. En la década de 1980, ya era una persona reconocida internacionalmente en el gremio editorial: representaba los derechos de muchos autores extranjeros que colocaba también en el mundo editorial español.

En México, yo era amigo de Luis y Nancy Vicens, quienes tenían una buena amistad con Gabriel García Márquez. Luis era importador de libros y ambos conocían a Carmen. Cuando les conté lo que hacíamos en Promexa y les platiqué de nuestras colecciones de literatura, y de la venta en tiendas de autoservicio, me respondieron que no podía pasar más tiempo sin conocer a Carmen, y me consiguieron una cita. Viajé a Barcelona y me presenté en su oficina. Desde un principio simpatizamos

Yo iba en busca de una serie de libros cuyos derechos Carmen había colocado en distintas editoriales, por lo que, como toda agente literaria, se convirtió en la intermediaria y en la persona que se comunicó con los editores para establecer las condiciones de nuestra operación.

Cuando Carmen no estaba interesada en algún asunto editorial en específico, simplemente no lo hacía y nadie podía moverla de su negativa. Era tremenda. Por otro lado se asoció con unos editores en Barcelona e hicieron una colección similar a la nuestra, *Las Grandes Obras del Siglo XX*, para quioscos en España.

Nunca le dije ni le reclamé nada. Sabía que era nuestra idea, pero tampoco era una idea original, pues ya se habían hecho cosas así en España. Como ella controlaba los derechos, podía armar las colecciones y ofrecérselas a un editor; tarde o temprano, esto era inevitable.

Era muy divertida justamente porque se podía hablar con ella con toda franqueza, aunque fue una relación desafiante. Siempre que nos reuníamos con Carmen, teníamos que estar listos para un «No» y, a partir de su negativa, negociar.

No siempre tomaba la decisión correcta al darle un determinado libro a una editorial. En ocasiones lo hacía simplemente en función del dinero de los anticipos de sus autores, pero sin considerar el futuro de sus obras, su distribución, campaña de *marketing*, ventas.

En 1997, cuando ya me encontraba en Planeta, teníamos interés en un libro de memorias que estaba trabajando un personaje importante de la política mexicana. Una persona cercana al autor nos contactó y fui a verlo a su casa en la Ciudad de México.

No había tratado al expresidente Carlos Salinas de Gortari. Lo había visto en algunos eventos de la industria editorial y en otros de carácter cultural, pero no lo conocía. En cambio, tenía buena relación con su hermana Adriana, editora; de hecho, ella fue quien me contactó para ver el asunto del libro que estaba escribiendo el expresidente.

Me recibió cordialmente, hablamos un buen rato y simpatizamos. Es buen conversador. Me contó lo que estaba haciendo; aún no terminaba de escribir. Le mencioné que Planeta podía publicarlo cuando lo tuviera listo, y quedó en avisarme al concluir su manuscrito.

Nunca vi el borrador, ni me envió ningún capítulo para leer: todo quedó en una promesa a futuro, pero no volvió a comunicarse. Reinó el silencio. Después de algunos meses, me comuniqué con Adriana Salinas para comentarle que no había recibido ninguna llamada del expresidente. Me respondió que ya había terminado el libro, pero que estaba viviendo en Irlanda, y me sugirió que fuera a verlo.

Viajé a Londres y, al llegar, me comuniqué con el expresidente Salinas. Me pidió que lo viera en Dublín al día siguiente, a las doce de la tarde, en el *lobby* de un conocido hotel del centro de la ciudad. Volé temprano y llegué alrededor de las diez de la mañana.

Para hacer tiempo, caminé por el centro de Dublín y cerca del mediodía llegué al *lobby* del hotel. Vi que todos los clientes salían apresuradamente. Después un mesero me explicó que a las doce se jugaba la final de futbol que disputaban dos equipos de la ciudad. Obviamente, Salinas había escogido el día y la hora a propósito para evitar ser visto.

El expresidente no llegó a la hora acordada. Le marqué por teléfono desde las cabinas del hotel para preguntar si había algún problema; su asistente respondió que iba en camino. Unos minutos más tarde, llegó en un Mercedes-Benz blanco, con quince guaruras, lo cual me pareció totalmente innecesario en Dublín.

Estaba vestido de azul con una corbata verde porque era el día del juego y todo el mundo traía su corbata verde irlandés. Luego del saludo, me comentó que en efecto había terminado de escribir su libro, pero que había firmado con Carmen Balcells para que lo representara, por lo cual tenía que hablar con ella y no con él. Mi viaje había sido en vano. Pedimos de comer en la cafetería del hotel, se despidió y se fue.

Viajé a Barcelona para reunirme con Carmen, le dije que teníamos interés en el libro y me respondió que estaba enterada, pero que no era para Planeta porque esperaban obtener un gran anticipo de otra editorial. Pedía 250 000 dólares —o algo así—, lo cual era una barbaridad; el manuscrito era muy voluminoso así que saldría con un precio al público muy alto. Desde luego, el expresidente no necesitaba el anticipo, pero Carmen vio una oportunidad.

—Tú sabes que nadie lo haría mejor que nosotros —le dije a Carmen.

Respondió que se trataba de un libro que sería una bomba, por lo cual el tema era el dinero. Por supuesto, Planeta no iba a pagar una cantidad así de anticipo.

El libro fue un completo fracaso, pero salida la mercancía —pagado el anticipo— no se admite devolución. No supieron manejarlo. El manuscrito requería un profundo trabajo de edición y unas tijeras de gran tamaño. La publicación del libro de Salinas no causó sensación, pues a poca gente le interesó leerlo. Aunque el expresidente creyó que sería un libro conocido internacionalmente, que movería masas, lo cierto es que ni en México causó el furor esperado y la editorial Plaza & Janés tuvo que cargar con el fracaso de *México: un paso difícil a la modernidad.*

Así sucede con cierta frecuencia. El autor presenta su libro, la editorial le hace una oferta al autor, interviene un agente literario y le dice que puede conseguir un mayor anticipo, el autor acepta y luego el agente se lo vende al mejor postor que lo compra, el cual asume el riesgo de que sea un éxito o un fracaso. El autor y el agente literario son los únicos que siempre ganan. El riesgo es para la editorial.

Siempre fuimos entusiastas de las ferias del libro. Nuestra participación comenzó en la primera feria de libros infantiles. Montamos un estand donde pusimos a la venta las colecciones que solo vendíamos en las tiendas de autoservicio, los libros que iban a librerías y, sobre todo, nuestros títulos infantiles.

En nuestro estand, la gente podía encontrar los tomos sueltos de nuestras colecciones, por si se habían perdido alguna entrega. Ahí exhibíamos todo lo que teníamos guardado en el almacén y que era necesario ponerlo a la venta porque resultaba muy oneroso mantenerlo en bodega empolvándose.

Después participamos en la Feria de Guadalajara, y luego en Monterrey y en Minería. Aunque esta última es de las más populares, y el Palacio de Minería es una obra magna de arquitectura, es un lugar inadecuado para una feria: es difícil recorrerla, ver los materiales expuestos y comprar. Siempre me pareció un espacio equivocado.

La Feria Internacional del Libro de Guadalajara es la feria más importante de libros en español del mundo, hecho que les duele muchísimo a los españoles, porque ellos organizan varias, como la de Madrid, el Día de Sant Jordi en Barcelona, entre otras, y siempre consideraron que no tenían rival.

Es la más importante porque es la más grande feria del libro en español y porque a Guadalajara siempre acuden libreros y distribuidores del resto de América.

La FIL de Guadalajara fue un gran acierto de Raúl Padilla, su fundador. Lo conocí muy bien desde la primera edición de la feria porque Promexa fue una de las editoriales que firmó primero su participación. Además, conocíamos a Margarita Sierra —mano derecha de Raúl—, una mujer con una personalidad avasallante: hablaba 5 idiomas, era muy agradable en el trato y viajaba personalmente a Europa a reunirse con todas las cámaras de la industria editorial para que participaran. Si consideraba que había un editor que debía estar en México, lo contactaba, lo visitaba y lo persuadía para que fuera a Guadalajara.

En una de las primeras ferias me llamó Margarita para comentarme que necesitaban una estrella para la feria, un autor de talla internacional.

Por entonces, en 1987, Alianza Editorial ya llevaba varias reimpresiones de *El señor de las moscas,* de William Golding, Premio Nobel de Literatura 1983, y nosotros éramos distribuidores de Alianza en México. Se me ocurrió invitar a Golding. Hablé a Madrid con la encargada de los derechos de autor que tenía el trato directo con él para extenderle la invitación. La señorita hizo un par de llamadas y luego de un rato se comunicó conmigo para decirme que William Golding viajaría a Guadalajara con su esposa para participar en la Feria Internacional del Libro. Raúl y Margarita no lo podían creer.

William Golding y su esposa llegaron a México como si hubieran viajado a una colonia inglesa en el Caribe: ambos de blanco, con sombrero y bastón. Golding tenía 76 años, imponía con su barba blanca, había sido oficial de la marina británica y como autor era un personaje divertidísimo, con algo de mala leche y humor ácido.

Su esposa era la típica dama inglesa, discreta pero muy firme con él. Les encantaba beber y ella solía pedir Kahlúa, pensando que era la bebida mexicana por excelencia. Golding se lo reprocho diciéndole: «¿Por qué tomas ese horrible licor inventado para una *escort* cuando la invitan a salir?». A lo que ella respondió: «Nadie lo sabe mejor que tú, ¿verdad?».

En Guadalajara tuvo un gran éxito, firmó decenas de libros y en la capital de México lo llevamos a Gandhi para la firma de libros. Se armó el tumulto porque cientos de jóvenes se presentaron con sus ejemplares de *El señor de las moscas* para conseguir su autógrafo. Les firmó a todos y al mismo tiempo le dijo a cada uno: «Pórtate bien y serás hombre de bien». Estaba asombrado y fascinado a la vez.

Golding era el primer sorprendido por el éxito mundial de *El señor de las moscas* y nos contó que, un día, la editorial del Estado chino solicitó permiso para traducir y publicar varios cientos de miles de ejemplares en mandarín, pero advirtieron que no podían pagar por los derechos debido al control de cambios en la China de Mao. Tanto él como Faber & Faber y sus editores, estuvieron de acuerdo y recibieron los ejemplares de ley.

Meses más tarde su cartero le informó que había llegado un paquete grande a la oficina de correos y que era necesario que fuera por él. Golding fue al correo y, efectivamente, había una gran caja proveniente de China. La llevó corriendo a su casa y en su casa la abrieron: estaba llena de pañuelos de encaje chinos, como un pago en especie en lugar de derechos de autor.

Después de regalar docenas de pañuelos a familiares y amigos, decidieron que había que encontrar un comprador para el resto; localizaron a un importador de artículos chinos y, después de una negociación, se los vendieron por 10 libras.

Su presencia en Guadalajara le dio gran prestigio a la Feria del Libro y los organizadores siguieron el ejemplo de tener no solo a una estrella internacional en cada feria, sino de llevar al mayor número posible, lo cual resultó muy atractivo.

La FIL de Guadalajara es muy divertida, pero es terriblemente cansada para un editor si realmente hace su trabajo. Debe estar en el piso del estand de su editorial y prestar atención, escuchar, observar y ver qué es lo que está buscando el público.

Además, en el día a día, hay que sumarle reuniones con otros editores, con agentes literarios, autoridades culturales, desayunos, comidas y cenas con autores; presentaciones de novedades, reuniones para nuevos proyectos editoriales, y así se pasan todos los días que dura la feria.

Siempre me interesó estar presente en el estand toda la mañana y, si podía, también toda la tarde. Para mí, era la mejor manera de conocer hacia dónde se estaba moviendo el mercado editorial, los gustos de los lectores, la demanda. Cuando hacíamos presentaciones de libros mexicanos, siempre asistía para atender a los autores y, sobre todo, observar la empatía que cada uno tenía con su público.

La gente cree que una editorial lleva ejemplares de todo su catálogo, y más si es una empresa grande como Planeta. Eso es imposible. Se llevan todos los títulos más vendibles y las novedades del catálogo y se calcula la venta aproximada.

En un principio, los críticos decían que la FIL de Guadalajara no iba a funcionar, que era demasiado caro tener presencia en ella, pero rápidamente se ganó su lugar entre el público, los editores y las editoriales, locales y extranjeras. Puede ser que la inversión para tener presencia en la feria sea alta; sin embargo, vale la pena porque no solo se trata de las ventas —de hecho, en la mayoría de los casos, una editorial sale tablas. También se trata de la imagen de empresa que se desee proyectar y de qué se puede aprender sobre el mercado editorial, los consumidores, las tendencias y los gustos de la gente.

Las ferias en México suplen las deficiencias, escasez o inexistencia de librerías: son ferias para el consumidor. La gran FIL de Guadalajara es una iniciativa sensacional en la que nosotros como editores participamos y sabemos que es para los lectores.

Las ferias de Frankfurt y Bolonia son para editores; en general, están cerradas al público. En Frankfurt, solo abren un día a los lectores, con un horario restringido, pero es una feria donde los editores van a negociar derechos, a ofrecer obras o a buscarlas.

La de Bolonia es la feria más importante dedicada a libros infantiles y es una de las más atractivas del mundo, porque las editoriales presentan productos maravillosos que fascinan a todos.

La FIL de Guadalajara tiene un par de días dedicados exclusivamente a los profesionales de la industria, pero solo por la mañana, por las tardes se abren las puertas de par en par para todo público y el resto de los días se llena por completo.

Otro efecto de las ferias es que, junto con los editores y público en general, comenzaron a llegar proveedores de la industria editorial: papeleros de Finlandia o de Italia, impresores, encuadernadores. No es nada extraño ver a representantes de varias industrias de impresión de Japón, Tailandia, China, España, Italia y demás.

Un editor aprende mucho en las ferias de Frankfurt, Londres, algunas en Estados Unidos y en la de Bolonia. Así se entera de los libros que podrían tener éxito en México luego de conocer la disponibilidad de los derechos internacionales; también conoce las novedades literarias que están por salir, y qué libros de otras materias como política, historia, economía, ciencias, tienen posibilidades de convertirse en éxitos. Son grandes escaparates de la industria editorial.

Frankfurt es una feria impactante en cuanto a venta y compra de derechos. Hay una sección especial y misteriosa donde se reúnen todos los agentes literarios y uno solicita previamente las citas; si no tienes cita, eres hombre perdido, pues no te la van a dar. Existe todo un protocolo y una serie de leyendas con respecto a Frankfurt, además de que es difícil encontrar un buen hotel que no esté ocupado por las principales editoriales de Europa o de Estados Unidos.

Con todo, es fascinante estar presente: hay muchos edificios dedicados a exhibir libros, pabellones enormes de países que están representados; hay un ala exclusiva para libros religiosos y una especie de edificio para libros juveniles e infantiles y libros escolares. Sobre todas las áreas se alza la gran sala internacional, que es el centro de actividad y el lugar de encuentro de todos los editores.

Antes de la era del internet, todo era por télex o por fax y se hacían las citas por teléfono, ya fuera con autores, agentes literarios o editoriales. Era necesario llevar la agenda organizada para no perder tiempo ni dar palos de ciego.

Si un autor se presentaba en la feria esperando tener suerte, era probable que no recibiera atención. Por eso, era crucial saber a qué editoriales dirigirse y contar con citas acordadas previamente, ya que los editores difícilmente atienden visitas espontáneas, especialmente si se trata de autores desconocidos o personas que buscan publicar por primera vez. En Guadalajara es mucho más relajado: algunas personas llegan, se presentan en alguna editorial y dejan su manuscrito.

Los vendedores de Planeta tenían esa instrucción, la persona que llega al estand está dispuesta a comprar, así que deben ofrecerle opciones. Su experiencia y el conocimiento que tenían del catálogo eran impresionantes. Había un vendedor singular llamado Fermín, siempre muy elegante, de traje y corbata, que conocía de memoria todo el catálogo de Planeta y también de otras editoriales, era una enciclopedia.

Los buenos vendedores de libros están en las calles y en las librerías; conocen bien los títulos en exhibición y las novedades, y te informan de todo. Son ellos los mejores promotores porque pocas editoriales anuncian sus novedades en la prensa, en medios electrónicos o en espectaculares. La mejor publicidad es la que corre de boca en boca, y los vendedores juegan un papel fundamental en este proceso.

Existen editoriales que no van a Frankfurt o a ninguna otra feria porque no pueden pagar un estand, el transporte, el montaje y la supervisión durante toda la feria; simplemente no cuentan con los recursos necesarios para invertir ni con un catálogo con el potencial de venderse en otros idiomas.

Las editoriales pequeñas tenían la opción de unirse a una coedición y compartir el costo del proceso de producción de una obra aún no publicada. La coedición es frecuente en libros de arte, ilustrados, libros técnicos, etcétera.

Un editor —ya sea español, francés, italiano— ofrece la maqueta de una obra; lo que vende es la creación y maquetación; el editor traduce a su idioma y ajusta el texto y las ilustraciones a la maqueta. Así se imprimen ediciones en varios idiomas simultáneamente. De esta manera el costo bajaba significativamente.

Algunos países que quieren obras coleccionables no tienen la infraestructura para hacerlas localmente. En una ocasión, compramos a Mondadori una enciclopedia de animales; era una obra magnífica, con ilustraciones extraordinarias. Como era una colección altamente especializada, preguntamos si alguien más estaba interesado en comprarla y el editor respondió que al día siguiente iban a firmar con un editor de Kenia. Pregunté: «¿Para qué quiere Kenia un libro como este?». Y me respondió: «Para ver lo que se pueden comer».

Nunca se sabe qué se puede encontrar en una feria. Quizá el editor no encuentre lo que busca, pero se topa con algo mejor. Siempre hay que asistir a las ferias con la mente abierta y dispuesto a conocer y ver alternativas.

En Promexa, publicamos la *Gran Enciclopedia Universal Quid* de 18 volúmenes. Estaba completamente ilustrada a mano, a colores, en una edición preciosa. Esa colección la contratamos en Frankfurt de una manera muy curiosa.

Mi socio Rafael de Yturbe viajó a la feria y, en uno de sus recorridos, se detuvo en el estand de Robert Laffont, gran editor francés. Le llamaron la atención las ilustraciones de Quid que, por cierto, aún no estaba impresa. Rafael sacó una tarjeta y se la entregó al encargado del estand y, luego de leer su nombre, le dijo a Rafael que había ido a la escuela con su papá y que ambos habían estudiado en el mismo colegio en Francia. Gracias a esta coincidencia le compramos los derechos a Laffont y la trajimos a México.

En Promexa, en una ocasión se nos ocurrió hacer una colección de libros —enfocados en los papás— sobre oficios: electricidad, mecánica, carpintería; una suerte de manuales ilustrados, sencillos, paso a paso. Discutimos mucho y, finalmente, desechamos la idea. Sin embargo, meses después nos enteramos de que, en México, una institución de gobierno la había comprado.

Ante una nueva idea editorial, es muy conveniente investigar si existe algo similar en el mercado; no se descubre el hilo negro, pero se pueden desarrollar propuestas editoriales diferentes, más atractivas para el público. Por eso es recomendable no solo visitar ferias sino conocer librerías de cada lugar, incluso las más modestas.

Martin Amis, el novelista y ensayista inglés, en su obra *Visiting Mrs. Nabokov*, escribió una mordaz descripción de la feria del libro más grande del mundo: Frankfurt. Cito un breve fragmento:

> Los editores siempre hablan de la Feria del libro de Frankfurt, o tan solo dicen «Frankfurt» en tono de reverencia y añoranza. Si algún día los antropólogos estudiaran a los editores (y sin duda se merecen una o dos investigaciones), entonces a «Frankfurt» se le tendría que asignar la condición de «tótem», conectado con el estudio de las razas y el nacimiento de la mentalidad universal, cuando los primeros editores se dejaron caer de los árboles. Uno de los mitos más antiguos dice que la biblia de Gutenberg fue llevada

> primero a Frankfurt, donde inmediatamente se celebró una feria del libro para festejarla [...]. Si uno escucha a los editores hablar de Frankfurt, se pensaría que es el lugar donde solo reposan los restos de los editores más valientes y heroicos.

A pesar de las objeciones de toda índole que se pudieran tener en contra de las ferias del libro, internacionales, nacionales, regionales, locales, escolares y hasta callejeras, ninguna editorial negará que es un punto crucial para el encuentro entre un libro y su lector. Para muchos lectores, quizá sea su primer encuentro.

Hace ochenta y tantos años, mis padres me llevaron a mi primera feria del libro, instalada en la calle Ejido, perpendicular al Monumento a la Revolución. Toda la calle estaba llena de estands de mala calidad, muy pobres. Recuerdo el impacto de ver la vasta exposición de libros y la posibilidad de tocarlos y abrirlos; las librerías de entonces solo mostraban el libro que uno quería comprar y lo entregaban en la caja al pagar.

Era la época de la posguerra, quizá 1946 o 1947, y había un estand que me llamó la atención. Era de la Unión Soviética, que aprovechaba cualquier oportunidad para difundir propaganda comunista, y ofrecía decenas de libros muy mal hechos y muy corrientes, pero había unos maravillosos cuentos de hadas rusos, traducidos al español. Los soviéticos hicieron una labor gigantesca de ediciones masivas de toda clase de libros en ruso. Fueron los grandes editores de Europa en términos absolutos durante los años siguientes al fin de la Segunda Guerra Mundial.

Las grandes ferias de México han tenido efectos positivos en el ámbito cultural y editorial, sobre todo para potenciar y estimular el crecimiento de lectores. En la actualidad, se celebran incontables ferias, destacan las de Monterrey, Oaxaca, la organizada por la Universidad Autónoma de Yucatán, realizada en Mérida, León, Zacatecas, San Luis Potosí, organizada por la Universidad, entre muchas otras que ya forman parte del calendario anual de ferias y de encuentros del lector con los libros.

VII

Planeta

En 1996, me llamaron de Grupo Planeta porque estaban buscando un director general para México. Curiosamente, no fue a través de una recomendación. Llegué a la empresa a través de un *headhunter* que Antoni Rosich, entonces director de Planeta para América, contrató con el fin de encontrar un perfil adecuado para ese puesto.

El azar quiso que el *headhunter* me conociera, pues era nada menos que mi antiguo socio Rafael Yturbe. Antoni se comunicó conmigo para hablarme del puesto y me pidió viajar a España de inmediato para entrevistarme con José Manuel Lara, principal accionista y presidente de Grupo Planeta.

José Manuel Lara era un personaje fantástico, creativo, audaz, lector incansable. Me recibió con amabilidad, conversamos más de dos horas y, al final, me contrató; solo me advirtió que cuando cumpliera 65 años terminaría mi contrato con Planeta —para que hubiera un relevo generacional— y me preguntó si tenía algún problema con eso. Respondí que ninguno y acepté.

Planeta es una empresa editorial internacional muy compleja, estructurada y sólida que publica cientos de libros al año. Fue muy interesante conocer su operación, su organización, sus políticas editoriales y empresariales, entender cómo veían el mercado en Latinoamérica; saber qué esperaban de nosotros, porque tienen presencia en Colombia, Argentina, Brasil, Perú, Ecuador, Uruguay y Paraguay. En ese entonces, querían que México se convirtiera en una punta de lanza.

Al aceptar la oferta de Planeta, lo más importante fue trabajar en el contexto de una empresa internacional. Promexa era una editorial local con la que nunca entramos en los terrenos de la exportación, ni era nuestro objetivo; la desarrollamos para servir a un público local.

Muchas de las empresas editoriales de hoy son el resultado de la adquisición de editoriales pequeñas, con o sin problemas económicos o de sucesión, que necesitan que alguien asuma todas las obligaciones y resuelva sus problemas económicos, administrativos y comerciales. Esta es una de las estrategias que han seguido grupos grandes como Planeta.

En Estados Unidos, también es un fenómeno común. Las editoriales que hace 40 años eran independientes hoy son parte de un conglomerado que puede ser inglés, alemán o francés. Esta es una estrategia capaz de funcionar si se busca una mayor presencia en un mercado específico, en un área de interés en crecimiento donde la empresa no tiene ningún antecedente. Mediante la adquisición, comienza a ingresar en el mercado y, en teoría, aporta el *know-how* a esa empresa pequeña para que logre una mayor presencia.

Planeta México continuó su crecimiento y evolución durante los años en que estuve al frente, inclusive en ese tiempo se exploró la posibilidad de asociarnos con alguna empresa estadounidense y sostuvimos reuniones con las principales empresas editoriales para sondear si había interés por el mercado de habla hispana.

Las pláticas demostraron que los editores estadounidenses, al igual que los mexicanos, estaban para atender el mercado nacional y les resultaba complicado imaginar una empresa internacional incluso en otro idioma tan extenso como el español.

En este sentido, considero que, de forma análoga, las empresas editoriales mexicanas han sido concebidas para surtir a un mercado nacional. Muy pocas empresas mexicanas, salvo quizá el Fondo de Cultura Económica, tenían la verdadera intención y el objetivo de llevar libros mexicanos a otros países.

El acercamiento con los estadounidenses no rindió frutos; en cambio, cuando Planeta volteó hacia el resto de Europa, la idea funcionó. El grupo hizo una importante inversión en el segundo grupo editorial de Francia, que vendió posteriormente.

En España, Planeta creció comprando compañías editoriales que ya no podían seguir adelante por falta de capital o por enfermedad de los fundadores, deseos de capitalizar su dinero, etcétera.

Planeta competía en otra categoría. Tenía otra dimensión por el número de sus sellos editoriales, la extensión de su distribución, sus catálogos y su *expertise*. Era una empresa editorial hecha y derecha que ingresó poco a poco en otros mercados, por ejemplo, compraron una editorial de libros en lengua catalana.

En México, por ejemplo, Planeta adquirió Joaquín Mortiz, editorial fundada por Joaquín Díez-Canedo, hombre culto y talentoso, con un magnífico criterio y olfato comercial. La editorial había vivido sus mejores tiempos y, en su momento, publicó a los autores más relevantes, pero en los años noventa su prestigioso catálogo se movía poco; sus éxitos habían quedado atrás. Planeta adquirió la editorial para aprovechar el valor creado por el sello y el catálogo de Joaquín Mortiz.

El mercado de México no era desconocido para Grupo Planeta, aunque se había enfocado a la venta de coleccionables en quioscos. En cierto modo, era necesario implementar en México el modelo que conocían bien en España, el cual se basaba en una extraordinaria distribución. Recuerdo que, en esos años, si leías en el periódico algo acerca de una presentación para ese mismo día, podías encontrar el libro en las librerías o te lo conseguían, pero no te decían el clásico: «Se lo tengo para después».

Cuando llegué a Planeta, la editorial operaba conservadoramente, apenas salía de un grave problema financiero provocado por el negocio de puerta en puerta: habían concedido demasiados créditos y facilitado mercancía a los placistas, quienes a su vez hicieron lo propio con sus subplacistas. ¿Cuál fue el resultado? La cobranza se hizo imposible y el grupo tuvo que absorber una fuerte pérdida.

Afortunadamente, no ingresé a Planeta para resolver el problema. Me contrataron para —en términos editoriales— poner orden en casa. A mis 60 años, vivir esa experiencia fue fantástico. Significaba un reconocimiento implícito a lo hecho anteriormente en Promexa y, sobre todo, la confianza de que podía hacerme cargo de una empresa tan grande y con tanto potencial.

Contaba con una estructura importante: equipo administrativo, equipo operativo, jefe de almacén, un área completa dedicada a derechos de autor, área de distribución y *marketing*. Por supuesto, tenía un equipo editorial con experiencia: editores atentos a las novedades del sector, en busca de nuevos autores, que se relacionaban con plumas famosas y presentaban nuevos proyectos. Un personaje clave en ese momento fue Jesús Anaya; al igual que yo, de recién ingreso a Planeta como director editorial.

En ese entonces, Planeta México ya contaba con autores consagrados que debíamos cuidar y con autores en catálogo que habían vendido muy bien y que había que renovar y relanzar, como Francisco Martín Moreno.

Comencé por conocer minuciosamente el funcionamiento de la editorial no solo en términos administrativos —presupuestos, costos, gastos—, sino que también fue mi prioridad adentrarme en cada sello editorial.

Pronto tuve el panorama completo: sabía qué vendíamos, qué no se vendía, los temas de interés para los lectores, la dinámica de la distribución, los mejores puntos de ventas, cuáles eran las características y fortalezas de cada sello editorial.

Conocí este mercado emergente de diferentes sellos reunidos bajo un consorcio editorial, pero conservando cada uno sus propias características. También entendí la importancia de lograr una buena distribución para cada sello, porque no necesariamente Sanborns era para todos. Fue una oportunidad para conocer mejor el mercado español, que es muy sofisticado, complejo, avieso, y para entender exactamente lo que estaban haciendo, así como encontrar puntos en común con la distribución en México.

El fondo editorial es el máximo activo de una empresa en este sector. Es necesario conocerlo, monitorear qué pasa con él y qué porcentaje ocupa cada libro en el total de las ventas. Siempre he creído en el axioma de que los ingresos provenientes del fondo editorial deben representar las dos terceras partes de las ventas, ya que eso demuestra que se cuenta con un catálogo óptimo. El otro tercio debe salir de las novedades editoriales.

Cuando fue posible conocer las ventas de un título en todos los puntos de venta durante un periodo determinado, fue un hito en el *marketing* editorial. Inglaterra y Estados Unidos desarrollaron diferentes sistemas digitales que facilitaron esta información.

En determinado momento, a mí me pareció una herramienta extraordinaria e indispensable para la toma de decisiones y la buena gestión editorial. Recuerdo que empezamos por convencer a la gran cadena librera Sanborns —nuestro punto de venta de mayor volumen— de iniciar este proceso de recopilación de información. Nos miraron con la expresión de una liebre asustada por los faros de un automóvil en la carretera. Afortunadamente, en la actualidad esta información ya está disponible y con detalles casi infinitos.

La creación del Premio Planeta fue un gran acierto en relación con las novedades editoriales, porque convirtió algunos títulos en *bestsellers*, ya que con el premio se garantizaba una impresión/venta de 200 000 ejemplares. En algunos casos, los títulos premiados se convirtieron en objetos de culto: hay quien colecciona exclusivamente los libros del Premio Planeta; es el único título que compran en un año. Desde luego, dentro de lo que ha sido premiado y publicado, hay diferentes niveles de calidad.

La designación del Premio Planeta repercutía en México gracias a la vasta promoción que se le daba al ganador; los lectores mexicanos acudían a las librerías a buscarlo. En una ocasión, nos hablaron de Sanborns para preguntar por qué no les había llegado el libro ganador del Premio Planeta. La respuesta era simple: era un libro que se imprimía en México, por lo que tardaba un poco más en llegar a librerías. Esos libros tenían un público cautivo que siempre respondía.

Fui empresario y editor en Planeta. Estaba al tanto de la administración, labor que comprometía buena parte de mi tiempo, pero también participaba en las decisiones editoriales. Entre mis obligaciones estaba diseñar el plan editorial anual, que elaboraba con el apoyo del equipo de editores y sobre el cual se planeaba un presupuesto.

Una de las ventajas de estar al frente de Planeta fue la libertad de acción; podía editar lo que el equipo editorial considerara mejor para el mercado mexicano, sin necesidad de pedir permiso a

España. Pero informábamos puntualmente, compartíamos el plan editorial y estábamos en constante comunicación.

También teníamos la libertad de proponer la publicación de libros que pudieran interesar a la Secretaría de Educación Pública para sus programas de lectura como la Biblioteca de Aula. Ellos tenían categorías que nos servían de guía: divulgación científica, literatura, historia, salud. Revisábamos nuestro catálogo para saber si teníamos algunos títulos que pudiéramos proponer a la SEP, pero si no teníamos, contratábamos autores para ello. Durante años, la Biblioteca de Aula fue un gran incentivo para las editoriales.

Han pasado 20 años desde que estuve en Planeta. Me retiré a los 67 años. Muchas cosas han cambiado, pero la conformación de grandes conglomerados editoriales, como Planeta o Penguin Random House, sigue siendo una tendencia internacional.

Es muy interesante ver que en México la figura de editoriales multinacionales se ha satanizado. Primero, porque los críticos del modelo acusan que vamos hacia un duopolio en el mejor de los casos; pero, además, en el caso específico de Planeta, muchos lo ven como una nueva edición de la conquista de México por los españoles. Creo que esta nueva leyenda negra surge de autores no publicados y editores resentidos.

Una de las apuestas importantes que hicimos en Planeta a finales del siglo pasado fue por los libros de historia de México, tanto de ficción como de no ficción. La novela histórica se convirtió en un filón. Dimos un primer paso con la novela sobre uno de los personajes más polémicos de nuestra historia: Antonio López de Santa Anna.

Un día, Enrique Serna, autor de Planeta, llevó su manuscrito sobre Santa Anna a la editorial. Nos interesó el tema y la forma como habló de su novela, los archivos que había consultado, la investigación. Esa misma noche leí el manuscrito y, al terminar supe que teníamos un gran libro en nuestras manos y decidimos apostarle todo.

En Planeta, todo el mundo pensaba que estábamos locos. Pensaron que íbamos a tener solo una presentación porque no había caído algo así en mucho tiempo, pero *El seductor de la patria* fue un rotundo éxito.

El libro se reimprimió varias veces, fue recomendado de boca en boca, Enrique Serna alcanzó una súbita y merecida fama, y aún se habla de este libro. No había otra novela histórica reciente que hubiera alcanzado tal resonancia; la última había sido *México negro* de Francisco Martín Moreno en 1986.

En Planeta, editamos una *Historia de México* en varios volúmenes, un proyecto en el que participaron 20 autores. Contamos con la asesoría y coordinación de Josefina Zoraida Vázquez, doctora en historia del Colegio de México, toda una eminencia; tenía gran influencia en el gremio de los historiadores y todos se le cuadraban. Ella revisó todos los textos y, cuando no estaba de acuerdo con algunos puntos, datos o información, se reunía con los autores para discutir y corregir.

En el terreno de la historia, también lanzamos la colección *Grandes Protagonistas de la Historia Mexicana*; no era para librerías, se vendió en puestos de periódicos y fue un éxito porque eran biografías mexicanas escritas por especialistas y en un tono de divulgación, sencillo y ameno. Se imprimieron 40 000 ejemplares de cada título y salía semanalmente. Fue un proyecto que solo era posible llevarlo a cabo con el modelo de distribución de Planeta.

En 1980, Planeta había publicado una novela histórica que fue un *bestseller* mundial: *Azteca*, de Gary Jennings. Fue una traducción, pues había sido publicado originalmente en Estados Unidos. Más allá de si tenía rigor histórico o no, era una novela que se leía con facilidad.

Azteca se convirtió en la gran novela popular sobre el México prehispánico, pues la más famosa hasta entonces era *Corazón de piedra verde,* de Salvador de Madariaga, aunque había transcurrido casi 40 años desde su publicación en 1942. La obra de Jennings vendió millones de ejemplares en varios idiomas y, una vez pasado el furor, Planeta lo editó como libro de bolsillo.

Un día me fue a ver un vendedor de libros independiente que representaba a un empresario farmacéutico que quería comprar 25 000 ejemplares de *Azteca* para regalar a sus clientes.

La única petición que hizo fue que debíamos incluir en las últimas páginas los anuncios de un determinado producto de la compañía. Les dije que no había ningún problema pero requeríamos autorización del autor, la cual recibimos, y mandamos hacer la edición para la farmacéutica. Al año siguiente, compraron otros 10000 ejemplares.

En casos así, Planeta otorgaba un buen descuento por el número de ejemplares que compraban en firme. Y claro, después de operaciones como esa, uno se preguntaba: ¿qué más tenemos en nuestro catálogo que podamos vender a empresas? Y no fue el único caso.

Entre los libros de historia mexicana que tuvimos el placer de publicar, se encuentra una biografía de Porfirio Díaz, escrita por el historiador británico Paul Garner, publicada en inglés en 2001.

Encontramos la referencia de este libro en el catálogo de novedades de una editorial académica que había concebido una colección de biografías de políticos de distintos países; una de ellas era sobre Porfirio Díaz. Leímos la obra y nos pareció un gran hallazgo. Localizamos a Paul Garner y le propusimos traducir su libro al español. Ni la editorial ni él lo podían creer.

Acordamos una reunión para conocernos aprovechando una visita a la Feria del Libro de Londres. Jesús Anaya, director editorial de Planeta, Garner y yo, cerramos el trato en una reunión informal, donde consumimos unos quince *single malt*.

Paul es doctor en historia por la Universidad de Liverpool y, en ese entonces, era profesor en la Universidad de Leeds; tenía un profundo conocimiento de la historia de México, buen dominio del español y había investigado y analizado a conciencia la faceta política de Porfirio Díaz, la dictadura, las relaciones de poder, el ejercicio de la autoridad y la forma en que había sido satanizado por la historia oficial y cómo estaba presente en la sensibilidad de los mexicanos.

Con excepción del círculo de historiadores académicos, para el lector común, Paul Garner era completamente desconocido hasta que tradujimos su libro y lo publicamos con el título de *Porfirio Díaz: del héroe al dictador, una biografía política*, dentro de la serie Biografías Planeta (2002).

Aunque era una investigación académica, estaba bien escrita, con una narrativa ágil y atractiva, y se convirtió en el éxito de ventas que esperábamos. Garner vino a México para la presentación y fue muy bien recibido; su libro se reimprimió varias veces.

Paul trabajó muchos años en una crónica sobre la inversión británica en México, personificada por el millonario y contratista Weetman D. Pearson, que fue publicada por el Fondo de Cultura Económica y El Colegio de México. Vale la pena comentar que un heredero del paradigmático Pearson —Lord Cowdray— fue fundador de una importante empresa editorial inglesa que lleva su apellido y aún subsiste. Asimismo, Cowdray fue uno de los primeros benefactores del hospital ABC (la C es por Cowdray).

Un ejemplo de que no todo se vende fue el libro de Gloria Trevi, *Gloria* (2002). Al calor del escándalo y encarcelamiento de la artista en Brasil, se nos ocurrió que era un buen momento para acercarnos a ella, entrevistarla y publicar su versión de su tórrida historia.

Superados los incontables obstáculos, Jesús Anaya logró el encuentro con Gloria Trevi, en Brasil; su relato desveló la vida de una artista talentosa y ambiciosa que cayó en infortunadas situaciones personales. La prensa sensacionalista había cubierto estos acontecimientos detalladamente y había creado un público ávido de cualquier noticia sobre ella. Eso creíamos.

Pensamos que un libro de su autoría era lo que este público de seguidores, detractores y curiosos esperaba. Pero cometimos un error: ese público no necesariamente compraba libros, aunque los encontrara a la mano en el quiosco de la esquina. Y así fue, las ventas del ambicioso tiraje fueron totalmente decepcionantes.

Hubo otros casos en los que, quizá sin esperar mucho de un libro, este de pronto se convirtió en un fenómeno editorial. En 2001, entramos en contacto con Carlos Trejo, un curioso personaje que se presentaba como cazafantasmas a raíz de que él y su familia habían vivido una aterradora historia en 1982.

Trejo se hizo famoso contando que una presencia sobrenatural había asolado su casa en la calle de Cañitas de la colonia Popotla. A mediados de la década de 1990, escribió un libro al respecto, lo editó por su cuenta, lo vendió bien, y le dieron un espacio en la radio para hablar de fantasmas.

En 2001, nos reunimos con él y publicamos *Cañitas. Historia verídica de los seres sobrenaturales que aterrorizaron y quisieron victimar a toda una familia en la calle de Cañitas*. Vendió más de 100 000 ejemplares y se ha reimpreso más de 15 veces. Trejo siguió con su misma línea acerca de lo sobrenatural y en los años siguientes publicó *Casas embrujadas* (2002), *Historias vivas de espantos y muertos* (2003) y *Fantasmas: más allá de la muerte* (2005).

Los fantasmas siempre han estado presentes en la imaginación humana, en el folklore de muchos países de oriente y occidente, y han ejercido una fascinación milenaria que incluso ha permeado en otras esferas de la creatividad. Desde *Hamlet* en la literatura hasta *Giselle* en el *ballet;* en las óperas *Don Giovanni* y *El holandés errante*; en el cine de terror, donde los fantasmas desempeñan un papel continuo y han comprobado ser un tema editorial perenne.

En Planeta, también hicimos ediciones especiales. Una amiga que trabajaba en la Presidencia de la República llamó para comentar que el presidente quería regalar 3 000 ejemplares del libro *Recuento de poemas*, de Jaime Sabines, pero en una edición mejor encuadernada y con un papel especial.

Era 1 de noviembre y teníamos el tiempo en contra. Se trabajó con rapidez en el diseño y la edición del libro, se imprimieron los ejemplares y quedaron muy elegantes. Sin embargo, la encuadernación salió defectuosa y la presidencia los devolvió. Fue necesario encuadernarlos de nuevo, y finalmente entregamos la obra a gusto del cliente.

Una editorial de interés general no puede resistirse a la publicación de libros sobre política, especialmente ante la perspectiva de una elección, como las memorias de políticos o las reflexiones sobre el país de los aspirantes a la presidencia.

Varios editores hemos salivado ante la perspectiva de apetitosas ventas; pero, en realidad, es un espejismo: la mayoría de las veces los textos son coyunturales, banales y escasamente interesantes, y las revelaciones prometidas o las propuestas esperadas no sacudirían a un alumno de primero de secundaria.

En el caso de Planeta, conté cómo, para nuestra fortuna, se frustró la compra de las memorias del expresidente Salinas de Gortari. Pero no fue nuestro único encuentro con la política ni con la irrefrenable necesidad de los políticos de convertirse en autores.

Al respecto, quiero contar un cuento de hadas que ocurrió en mis últimos años en Promexa. Hace mucho tiempo, en el país de Nunca Jamás, había un viejo rey con un ministro que aspiraba a la corona; el ministro había reunido a destacados cortesanos, jóvenes y audaces, que prometieron su apoyo cuando llegara el momento.

Uno de sus colaboradores tuvo la brillante idea de que el aspirante debería escribir un libro en el que plasmara su programa de trabajo para el futuro inmediato, el cual quedaría para la posteridad.

Al aspirante le encantó la idea y trabajó febrilmente en el libro testimonial. Cuando estuvo listo, entró el pánico entre sus allegados: ¿cómo asegurar que no se filtrarían prematuramente los contenidos a los medios y a sus contrincantes? ¿Existían imprentas que aseguraran la absoluta secrecía? ¿Se podría confiar todo el paquete de impresión y distribución a una editorial?

Recibí la llamada de uno de los allegados, quien me invitó a (o me ordenó) comer con él ese mismo día en su casa, para tratar un asunto editorial de suma trascendencia, urgencia y confidencialidad. Intrigado, acepté de inmediato y asistí a la comida.

Ansiosamente, me explicó que buscaban la ayuda de una editorial discreta pero honesta y eficiente, que pudiera encargarse de publicar este sagrado manuscrito fuera del país, internarlo conforme a un plan secreto y, finalmente, distribuirlo simultáneamente por toda la nación en una fecha fija y a una misma hora.

Me imaginé que tendría la importancia de *La sucesión presidencial en 1910*, de don Francisco I. Madero, y le aseguré que podríamos cumplir con todos los requisitos de seguridad que pedían. La edición completa la pagaría el equipo de la sucesión en ciernes.

Hablamos con una enorme imprenta especializada de Chicago, conocida por su discreción y seriedad, que imprimía millones de títulos bursátiles, billetes de curso legal y chequeras, y les planteamos si podían realizar la impresión de esta obra decisiva para el futuro del reino.

Me aseguraron que sí, pero que no aceptarían la supervisión de nadie ajeno a la imprenta, como lo habían solicitado los conjurados. Para no extenderme más sobre los detalles insólitos del proyecto (en determinado momento delirante, alguien sugirió que el papel tuviera marca de agua), el manuscrito se les hizo llegar como si fuera uno de los Evangelios, lo imprimieron, lo empaquetaron y cargaron los *trailers* que esperaban el preciado cargamento.

Durante la impresión de los textos proféticos, afuera de la imprenta se instaló un vehículo blindado con dos custodios mexicanos que permanecieron en vigilia hasta la partida de los contenedores y durante todo el trayecto de Chicago a la capital. El cargamento llegó a nuestro almacén y de ahí se distribuyeron los ejemplares, según el plan logístico que recibimos.

Lamento informar que el plan de sucesión no funcionó; el libro era aburrido a pesar de su brevedad, y nadie se interesó en glosarlo, criticarlo o siquiera satanizarlo, mucho menos en adoptar su proyecto de gobierno. Pasó sin pena ni gloria.

Muy poco después de la aparición del libro, el pretendiente al trono fue desplazado a un ducado, tras un berrinche por no haber sido el elegido, y desapareció gradualmente de la vida cortesana. El rey murió y fue sucedido por un pescadero, novio de su hija, que contaba con el apoyo de los locatarios de la gran central de abastos.

Tuvimos la edición almacenada durante meses, incluyendo las devoluciones de los ejemplares no vendidos, hasta que un día el jefe de almacén me habló; necesitaba espacio y pidió permiso para destruir todos los ejemplares. Llamé a nuestro contacto y a distintos teléfonos secretos, pero nadie contestó. Habían huido del reino. La edición había sido facturada y el pago recibido. Asunto concluido. *Sic transit gloria mundi.*

En Planeta, editamos diversas colecciones, tanto para venta en librerías como para puestos de periódicos. Nos dio una gran satisfacción publicar una serie de antologías temáticas de poesía (sobre el amor, el mar, la naturaleza, la muerte, la amistad, el universo) que seleccionó y compiló el poeta Antonio Deltoro, un caballeroso y entusiasta colaborador. Fue una serie exitosa y uno de nuestros grandes aciertos.

Con igual placer, publicamos una serie de libros de cocina para invitar al lector a cocinar y disfrutar de la buena comida.

Los libros de cocina en México tienen una antigua y distinguida historia, que abarca desde el virreinato con el *Manuscrito Ávila Blancas* (siglo XVIII), pasando por la república con *Nuevo cocinero mexicano en forma de diccionario* (1888), hasta *Cocina mexicana: historia gastronómica de la ciudad de México* (1967), de Salvador Novo.

El arte culinario se ha conservado gracias a la tradición oral y a incontables recetarios familiares reunidos por acuciosas amas de casa radicadas en distintas regiones del país. Como en todo, ha habido décadas en las que cocinar en casa se convierte en un sello de distinción, ya sea a nivel de gusto o social, y proliferan los libros de cocina que incluyen desde rescates de viejos clásicos anónimos hasta propuestas contemporáneas locales y cosmopolitas.

Muchas ediciones se deben a los patrocinios de empresas alimentarias o a instituciones interesadas en enriquecer la vida doméstica. También influyen las iniciativas y el interés de editoriales como Trilce, con espectaculares obras como *La tacopedia* y *El libro del aguacat*e, así como de expertas y reconocidas cocineras que han compartido sus conocimientos, como Laura Caraza, Patricia van Rijn, Josefina Velázquez de León, Susana Palazuelos, Cristina Barros, Guadalupe San Vicente, Carmen Titita Ramírez; la lista es larga y muy rica.

Cabe destacar la excepcional colección de cuatro recetarios realizada en los años ochenta por instituciones del Gobierno federal, encabezadas por el ISSSTE, titulada *...y la Comida Se Hizo... (Rápida, Fácil, Económica, Para Celebrar)*. En Promexa, seguimos la idea, con una colección propia, *La Buena Cocina*, en tomos, para venta en autoservicios.

Sería injusto olvidar a los autores extranjeros seducidos por la cocina mexicana que han aportado conocimientos, consejos y erudición al tema gastronómico mexicano. Diana Kennedy es el paradigma.

Cuando llegué a Planeta, había varias personas encargadas de colecciones en fascículos para venta en puestos de periódicos. Estas obras apelan al espíritu coleccionista más diverso e inimaginable. Una de las que más se vendieron fue *Autos Clásicos*. Cada entrega incluía el modelo a escala de un automóvil. Este tipo de obras eran importadas de España.

Otra colección que lanzamos fue sobre perfumes. Me tocó negociar con algunos distribuidores locales porque ellos tenían la concesión para venderlos en México; fue necesario convencerlos para contar con las miniaturas que entregábamos con cada fascículo.

Una colección de abanicos también fue bien recibida, al igual que una casa de muñecas con todo y su mobiliario. Cada fascículo contenía la historia de un abanico en particular y se incluía una réplica pintada a mano en China. El manejo de colecciones fue toda una experiencia, pero aún más lo fue conseguir los abanicos —miles de ellos—, que tenían un costo de un centavo de dólar.

Editamos una colección de modelismo con aviones de la Segunda Guerra Mundial y otra de barcos de diferentes épocas. Era inagotable. El coleccionismo es una obsesión muy atractiva por la diversidad de objetos que capturan la atención de las personas. Recuerdo una exposición en París llamada «Ellos coleccionan» que incluía, entre otras extrañas aficiones, una colección de máscaras de gas de la Primera Guerra Mundial.

En Planeta, la invención no tenía límite. Lo encargados de los fascículos inventaron «Cine internacional», «Las mejores películas de guerra», «Lo mejor en películas de horror», etc., y en aquellos años los formatos eran para videocasetera, ya fuera Beta o VHS.

Un buen editor tiene que estar al día sobre lo que está sucediendo entre bambalinas del escenario editorial mundial. Si bien es cierto que de pronto se encuentra un garbanzo de a libra y se compran los derechos de una obra que llega a ser un *bestseller*, también debe haber un trabajo continuo por parte de los editores para saber qué buscar y qué comprar para enriquecer su catálogo.

Me tocó vivir una experiencia interesantísima cuando fui director de Planeta. A mediados de 1990, Minotauro era una pequeña editorial, propiedad de una pareja que había formado un amplio catálogo de ciencia ficción, fantasía y aventuras, gracias a que tenían pasión y olfato para estos temas. Entre sus autores se encontraban Philip K. Dick —novelista estadounidense que le había dado gran impulso a la ciencia ficción— y el conocido y clásico Ray Bradbury. Además, tenían los derechos de toda la obra de J. R. R. Tolkien.

Los dueños de Minotauro tenían más de 40 años con su editorial y reimprimían muchos títulos de su catálogo con regularidad, lo que les permitió vivir cómodamente durante largo tiempo, pero uno de ellos enfermó y su editorial se estancó.

Para estar informado de las tendencias editoriales, leía la revista *Publisher's Weekly*, una publicación para editores y libreros considerada la biblia en Estados Unidos, pues a través de sus páginas informaban lo que pasaba cada semana en el mundo editorial. Ahí me enteré de que un productor cinematográfico había comprado los derechos de *El señor de los anillos* y que el primer tomo de la serie ya estaba en pleno rodaje.

En Planeta, contábamos con un *scout* que iba a las ferias a buscar títulos, nuevas obras y también editoriales que estuvieran a la venta o que quisieran asociarse. Era, como su nombre lo indica, un explorador con mucho talento.

El *scout* trabajaba de manera independiente y tenía una pequeña editorial de libros en catalán; hablaba inglés con fluidez, *lingua franca* de la edición en el mundo; era muy viajado e inteligente. En una ocasión, fue a una feria y regresó diciendo que había adquirido los derechos de un autor chino —Gao Xingjian— que iba a ganar el Premio Nobel.

Nadie conocía al autor y todo el mundo pensó que había sido un magno error, pues había pagado demasiado por los derechos. El tiempo le dio la razón. Gao Xingjian efectivamente ganó el Premio Nobel en el año 2000. En conclusión, el olfato se tiene o no se tiene.

Al enterarme del rodaje de *El señor de los anillos*, le sugerí al *scout* que se pusiera en contacto con los dueños de Minotauro para comprar los derechos del libro para México. Una semana después, no solo había comprado los derechos, sino todo su catálogo: Planeta había comprado Minotauro. La editorial incorporó un catálogo importante de ciencia ficción y fantasía, y los fundadores aseguraron su futuro hasta el final de sus días. Fue un negocio bueno para todos.

Eso es ir un paso adelante; estar atento, como en este caso, ante un catálogo tan cautivador, con un mercado que abarca niños, jóvenes y adultos. Los dueños de Minotauro sabían lo que tenían en sus manos pues antes de Planeta habían recibido y rechazado ofertas de compra de otras editoriales.

Los derechos de autor, su compra y venta, es decir, la propiedad intelectual, han sido temas presentes en la historia del libro desde hace siglos. En 1763, Denis Diderot, el padre del enciclopedismo, escritor y filósofo, escribió un breve ensayo titulado *Carta sobre el comercio de libros,* en el que defendía al gremio de los libreros en una época en la que, generalmente, toda la actividad editorial recaía en una sola persona, el librero, quien era, al mismo tiempo, editor, impresor, compraba derechos, promovía las obras y las vendía.

En su texto, Diderot criticó la censura del Estado sobre los libros, pero quizá lo más importante fue la defensa que hizo de la propiedad intelectual. Así, un escritor podía ofrecer su manuscrito a la librería que quisiera, y el librero compraba los derechos. La Fontaine, por ejemplo, vendió sus Fábulas, y tras su muerte, sus hijas reclamaron la propiedad del libro de su padre. Diderot reflexionó sobre esto: ¿las hijas estaban en su derecho de exigir para ellas la propiedad de la obra o, por el contrario, el librero era el dueño del libro desde el momento en que se lo había comprado al autor?

Este hecho ocurrió hace 260 años y el alegato es magnífico porque lleva a una reflexión desde otro punto de vista: una vez que el libro es publicado, pertenece al mundo. Desde entonces, también ha estado presente el problema de la piratería, es decir, cuando los libros se editaban en otros países de Europa sin autorización de nadie. Por ejemplo, había una edición de las *Fábulas* de La Fontaine publicada en París —la que vendió el propio autor— y otra, en Bruselas, desautorizada. Son fenómenos que siempre han existido.

El texto de Diderot no ha perdido vigencia. El tema de la propiedad intelectual y la sucesión de los derechos autorales tras el fallecimiento de un autor es de gran importancia, ya que es necesario renegociar los derechos, la posibilidad de publicar obras póstumas —si existen—, lanzar reediciones, o editar antologías y recopilaciones, pero esta vez el trato del editor es con los herederos.

El caso de la obra póstuma de García Márquez, *En agosto nos vemos* (2024), me parece interesante. Es una edición preciosa, con una portada atractiva; es un libro inobjetable, de 88 páginas y con una tipografía grande; es un cuento largo.

La edición incluye fotografías del manuscrito para que nadie se atreva a decir que no es de Gabo. Sus hijos escribieron una breve introducción donde explican las razones que los llevaron a publicar el manuscrito de su padre; es una especie de disculpa no solicitada que no tenía razón de ser, pues nadie les echó en cara la publicación o les recriminó su atrevimiento.

Me pareció una obra regular. Es corta, se lee bien y tiene partes muy buenas por el ambiente que recrea. El personaje principal, una mujer, está bien delineado, pero el final es un poco abrupto y, al menos a mí, me dejó insatisfecho. Como sea, traía el halo mágico de ser la última obra de García Márquez, acompañada de cierta curiosidad morbosa, lo cual generó gran expectación.

Y surgen algunas reflexiones: ante uno o varios manuscritos dejados por un autor de la altura de García Márquez, siempre estará presente la tentación de los herederos y editores de publicarlo todo, especialmente si el autor fue exitoso.

Las grandes ventas casi están aseguradas porque sus lectores y seguidores quieren seguir leyéndolo, aunque los materiales inéditos no necesariamente sean buenos, como esa primera novela que el familiar de un autor se encuentra fortuitamente en un cajón o perdida en su biblioteca. Herederos y editores no se detienen a pensar que quizá el autor no la consideró valiosa como para ser publicada, pero una vez fallecido, la tentación para hacerlo es muy grande.

Gabo admiraba a Hemingway, otro autor del cual se reeditaron sus obras después de su suicidio en 1961. Dejó escritos inconclusos, textos medio trabajados y notas. Su familia permitió la publicación de algunos manuscritos, pero nada alcanzó a ser un éxito como lo publicado en vida.

Franz Kafka es un caso muy peculiar. Su obra póstuma fue más exitosa que sus obras publicadas cuando vivía. Al morir de tuberculosis a los 41 años, todas sus novelas estaban sin editar; pero, además, su última voluntad fue muy clara: «Todo lo que dejo atrás… en forma de cuadernos, manuscritos, cartas, borradores, etcétera, deberá incinerarse sin leerse y hasta la última página», y nombró albacea a su íntimo amigo Max Brod para que cumpliera con su último deseo.

Brod hizo exactamente lo contrario y logró que se publicaran las novelas que nadie había querido mientras Kafka vivía. Si no hubiera sido por él, de Kafka solo se hubieran conocido sus cuentos.

También está el caso de J. D. Salinger. Su obra *El guardián entre el centeno* (*The Catcher in the Rye*, 1951) primero fue un éxito en Estados Unidos y luego en el resto del mundo. En la actualidad, se siguen vendiendo miles de ejemplares de ese título y de otros que escribió y publicó en vida. En su última voluntad estableció explícitamente a sus hijos que no podían publicar nada, ni vender derechos para el cine. Sus descendientes están por publicar uno de sus manuscritos, y en 2018 se estrenó la cinta *Rebelde entre el centeno*, que narra las circunstancias en las que Salinger escribió su famosa obra.

Albert Camus falleció en un accidente de automóvil; tuvo dos hijos, una mujer y un hombre. Su hija tiene alrededor de 85 años y, cuando comenzó la pandemia de COVID-19, la entrevistaron para preguntarle sobre la obra de su padre *La peste* (1947), dadas las circunstancias que estaba viviendo la humanidad. Respondió que se había convertido en un éxito en librerías, pasando de vender 400 ejemplares al mes a 3 000 ejemplares mensuales. Una nueva generación estaba leyendo *La peste*.

Ser hijo de un escritor famoso trae consigo una responsabilidad: ¿qué hacer con sus manuscritos y obras inconclusas?, ¿se debe cumplir ciegamente con la última voluntad de su padre o madre, o bien, ignorarla en beneficio de la literatura?

Un tema controvertido que me tocó durante mis años en Planeta fue la discusión de la ley del precio único en México. Sé que soy parte de una minoría que no cree que el precio único hará crecer el número de librerías y de lectores.

Para empezar, es muy difícil supervisar que libreros y librerías en todo el país respeten el precio único, lo que dificulta impedir que ofrezcan descuentos a los lectores y, en consecuencia, se convierte en una barrera para la promoción de la lectura.

Existen países en los que este tipo de legislación podría funcionar, como Francia, donde las novedades editoriales, los *bestsellers* y los libros de moda se pueden adquirir en papelerías —junto con los materiales escolares que ofrecen— y no solamente en librerías.

En esos lugares sí funciona el precio único, porque el editor quiere que se vendan sus novedades y el dueño de la papelería también las quiere vender, pero necesita que se le proteja contra los que venden libros con descuento.

Siempre discutí esto con funcionarios del Fondo de Cultura Económica y me veían como si no entendiera nada. En todo momento me expresé en contra. Me pareció una pésima idea que respondía más al terreno de la retórica y la demagogia que a un verdadero interés por fomentar la lectura, apoyar a las librerías pequeñas y distribuir por todo el país.

Los argumentos falaces señalaban que con la ley del precio único las pequeñas librerías iban a tener más oportunidad de sobrevivir frente a las grandes cadenas, como Gandhi, El Sótano, El Péndulo, que se podían dar el lujo de ofrecer descuentos. Se decía que, al establecer el mismo precio en cualquier punto de venta, el margen de ganancia de las pequeñas librerías sería mayor, lo cual incentivaría también el surgimiento de nuevas librerías.

En Planeta, otorgábamos descuento a todos los clientes, incluso a las librerías pequeñas porque, de lo contrario, ¿de qué otro modo podían sostenerse? Cuando se trataba de saldos o de libros de importación, se establecía el costo de cada ejemplar y, a partir de ahí, el librero podía aumentar lo que quisiera; sin embargo, esa era otra cuestión. En nuestro trato cotidiano, se establecía un descuento que dependía del volumen de compra de cada librería.

Con ese precio —descuento incluido—, la editorial protegía su margen de ganancia y cubría todos los costos. Una librería pequeña no puede ofrecer el mismo descuento que Gandhi o Sanborns debido al volumen de compra de estas grandes cadenas, que además pueden negociar mejores condiciones porque tienen muchos puntos de venta. Son discusiones eternas y agotadoras. Siempre he pensado que la razón por la cual las librerías quiebran no se debe a los precios del libro, sino a la falta de surtido y, en la actualidad, a un servicio deficiente.

Uno de los mayores placeres de trabajar en Planeta fue el trato con los autores. Después de más de 20 años en el medio editorial, había conocido a muchas personas, pero a partir de 1996, ese número se triplicó: nuevos escritores, quienes comenzaban, y aquellos que ya habían alcanzado reconocimiento.

Algunos llegaban por iniciativa propia; a otros los buscábamos nosotros. El número de autores era tan grande como la propia editorial, y los temas que podían abordar eran igualmente diversos.

La relación con el autor es vital —no importa el tamaño de la editorial— e interesante, aunque no siempre es amable porque el autor por naturaleza siempre espera más: que la empresa lo apoye, lo distribuya, le consiga beneficios, lo consienta, lo lleve a las ferias del libro. Esto no siempre es factible y no todos los autores son simpáticos.

La figura del autor está romantizada, rodeada de un halo de *glamour* y misterio que la hace atractiva. Esto es válido, ya que ayuda a vender, a que los medios lo reciban, especialmente si el autor es una persona atractiva y con facilidad de palabra.

Tuvimos un autor literario muy bueno, cuya producción era inagotable. Podía escribir varios libros al año. Fue necesario decirle que solo podíamos publicarle un título anualmente; era un despropósito publicar uno nuevo cuando el más reciente apenas llevaba tres meses en circulación, a menos que fuera una serie y el nuevo libro continuara la historia del anterior. Sobra decir que estas pláticas eran sumamente difíciles.

En cambio, había otros autores de quienes queríamos un segundo libro lo más pronto posible, pero les costaba trabajo escribirlo, se tomaban demasiado tiempo, escribían con lentitud y les entraba una especie de bloqueo mental. Hay autores que tienen más facilidad para escribir que otros.

También conocí intermediarios de buena fe: amigos, conocidos o autoridades que nos ofrecían «la oportunidad» de publicar los libros de algún autor, ya fuera porque lo conocían o simplemente lo recomendaban.

En una ocasión, a sugerencia y súplica de un famoso escritor, decidimos publicar a un autor que recomendaba ampliamente. Desde el principio fue un problema porque el escritor era sumamente difícil. Tenía una opinión gigantesca sobre su propia obra. Seguramente sus amigos, y sobre todo su familia, le habían hecho creer que era extraordinario y que nadie podía negarse a la oportunidad de leerlo.

Pensé que sus libros no se iban a vender y que no cubriríamos sus expectativas como autor, y así resultó. Se vendieron tres ejemplares. Si sabíamos que sería un fracaso, ¿por qué lo publicamos? Pensamos que, con su llegada a Planeta, el escritor que lo había recomendado —cuya voz en los años noventa era muy importante y reconocida— podría llevarnos a otros autores, y así fue. Los buenos escritores llegan con otros buenos escritores. Por ejemplo, luego de publicar *El seductor de la patria*, de Enrique Serna, llegó Rosa Beltrán.

Hay autores a quienes únicamente les interesa que les publiquen su obra y todo fluye sin contratiempos, pero hay otros que quieren decidirlo todo y el proceso se convierte en una pesadilla. En una ocasión, le llevamos los primeros ejemplares de un libro a la viuda de un autor que había fallecido recientemente. A su lado estaba sentada una amiga suya y, al ver la portada, expresó: «¡Qué horror!». Fue suficiente para que la viuda nos exigiera cambiarla.

Era una portada blanca porque el libro era parte de una colección, y el título de la obra y el nombre de su marido aparecían en azul. Enfurecida me gritó que ese tono de azul era el mismo que utilizaba el Partido Acción Nacional (PAN) en su logotipo. Le dije que era el color que ella misma había aprobado y respondió que su amiga le había dicho que la gente iba a pensar que su esposo era panista.

La viuda tenía un amigo en Planeta España y le habló por teléfono para hacer su tango allá. Me llamaron para preguntarme cómo iba a solucionar el problema de la viuda porque era un autor importante para ellos. Respondí que íbamos a desencajar el libro y volverlo a imprimir, pero les dije que era una total idiotez, ya que ninguna de las más de 80 personas que trabajaban en la editorial y que habían visto el libro pensó que era el azul del PAN.

Pude haberle enseñado la firma donde había aprobado los colores y no cambiar la portada, pero no era conveniente. Diseñamos una nueva y reimprimimos. En esos casos, el costo lo asume la editorial. Hay extremos y ese fue un extremo ridículo.

En otra ocasión, hicimos una colección para venta en puestos de periódicos. Se concibió como un acercamiento a la literatura mexicana: libros de pocas páginas, uno por autor, que se vendían a $19.90 c/u. Para poder salir al mercado con ese precio, pedimos a los autores o herederos de las obras que aceptaran un pago fijo en lugar de regalías sobre las ventas.

Todos aceptaron salvo el heredero de un conocido y admirado escritor, quien me llamó y me pidió, por favor, que le pagara más que la «miseria» que ofrecíamos. Le dije que muertos y vivos habían aceptado, incluyendo Octavio Paz y Carlos Fuentes, entre otras plumas renombradas, porque querían tener una muestra de su obra en quioscos y a $19.90.

«Prefiero que no publiquen a mi pariente», me dijo molesto. Y le respondí: «No hay problema, lo sacamos de la colección. Nadie lo va a extrañar». Diez minutos más tarde me llamó: «Mi tío tiene que estar en esa colección. Olvida lo que te dije».

El experimento funcionó, nadie se hizo rico y todos ganamos al lograr la difusión deseada. Por otro lado, herederos como Joy Laville, viuda de Jorge Ibargüengoitia, autorizaba todo, incluso sin un pago de por medio. «Lo único que queremos es que no se olviden de Jorge», decía.

Dentro de las tareas editoriales también estaba la búsqueda de autores que publicaban en otras editoriales, pero que pensábamos que, si los incorporábamos a Planeta, podrían vender más.

Hay autores que se sienten maltratados o injustamente atendidos en una editorial y entonces buscan irse a otra. En mi gestión en Planeta, algunos autores nos dejaron y otros llegaron por múltiples razones. También invitamos a ciertos a autores a incorporarse a Planeta; en este caso, debíamos tener buenos argumentos para convencerlos de que nuestra editorial podía hacer las cosas de manera diferente a como las hacía su editorial. Normalmente es un encuentro de necesidad y oportunidad.

Los autores nunca asumen la responsabilidad de lo que escribieron: si al libro le va mal, siempre es responsabilidad de alguien más, de las circunstancias, del mal tiempo, pero nunca de ellos. También hay autores de un solo libro: se publica el primero y se vende muy bien, pero cuando entregan el siguiente, no puedes creer que haya sido escrito por la misma persona. Esto puede suceder porque intentan superar su obra anterior o escribir un libro más profundo.

Trabajando en Planeta, siempre traté de estar presente para conocer a los autores. Era importante tener una relación más allá de la oficina, invitarlos a comer o a cenar; saber lo que estaban haciendo, sus inquietudes, sus circunstancias y algo de su vida también.

Hay un sinnúmero de anécdotas sobre los autores, pero las anécdotas sobre sus esposas no son pocas. En Planeta, teníamos un escritor cuyos libros se vendían muy bien. Él era muy grato en su trato personal, simpático e ingenioso. El problema era que tenía una nueva esposa, sumamente ambiciosa y convencida de que su marido era el mejor escritor que jamás había existido.

En alguna de las ediciones de la FIL de Guadalajara, lo teníamos programado porque movía multitudes; cientos de personas querían su firma, saludarlo, tomarse una foto con él. El problema fue que se acercaba la fecha y no confirmaba su participación.

El día previo a la feria, el autor y su esposa llegaron sin avisar, y como era previsible, ella armó un escándalo por la habitación que tenían asignada, como si no hubiera sabido que durante los días de la FIL siempre hay escasez de buenas habitaciones.

Nuestro autor no dijo nada, pero ella, bastante indignada, amenazó con que su marido no se presentara al día siguiente en la feria. Le pregunté qué sugería y pidió que le diéramos la habitación de otro autor que todavía no llegaba. Desde luego, eso era imposible. Se le pasó el berrinche a la señora y finalmente se quedaron. El autor fue a su presentación, sus lectores lo ovacionaron y todos quedaron felices. Nunca colocamos a ningún autor en un hotel junto a la central camionera.

En ocasiones, recibíamos buenos manuscritos, pero había que hacerles un gran trabajo de edición. En esos casos, el editor responsable trabajaba junto al autor para realizar los cambios necesarios. Esas situaciones promueven buenas relaciones entre editores y autores, ya no con el director general, sino con el responsable del cuidado del libro. Antes era común que en el colofón se estableciera: «Se editó bajo el cuidado de fulano de tal...»; hoy ya está en desuso.

No recuerdo ningún caso en donde alguien escribiera un libro y un autor prestara su firma. En todo caso, los *ghostwriters* son más frecuentes en libros de no ficción y, sobre todo, en libros que abordan temas políticos.

En 2001, cumplí 65 años. Pedí una cita con José Manuel Lara, compré mi boleto de avión con mis propios recursos y viajé a España. Se sorprendió al verme, y quizá pensó que deseaba tratarle algún tema de la editorial, pero le dije que estaba ahí porque ya tenía 65 años y, de acuerdo con lo que acordamos, había llegado mi momento de dejar la empresa.

Yo no me quería ir, pero había un compromiso entendido de que no me podía quedar más tiempo porque ellos preferían no tener directivos de más de 65 años, que era la edad de jubilación en muchos países europeos. Me pidió que me quedara algunos años más y le ayudara a buscar a la persona adecuada para ocupar mi puesto.

Permanecí dos años más en Planeta mientras buscaba al nuevo director. En ese tiempo, inicios del siglo XXI, hubo cambios importantes en la editorial. Por ejemplo, Antoni Rosich —quien me había invitado— había dejado la empresa.

Quizá lo natural habría sido buscar a una persona con experiencia en el mundo editorial mexicano. Sin embargo, me pareció mejor acercarme a McKinsey, ya que, como empresa consultora, consideré que encontraría a alguien que tuviera una visión más amplia de la administración de empresas grandes como Planeta. Lo que necesitábamos era un buen administrador independientemente de ser un buen editor.

Mi primera opción estaba en McKinsey, un colega administrador, pero me dijo que no estaba en sus planes. Él quería ser un empresario independiente y no necesariamente de libros, sino de inmuebles. Me agradeció el gesto y al mismo tiempo me recomendó a Roberto Banchik, quien aceptó de inmediato. No era editor de origen, pero sí un gran lector que no tardó en entender el medio editorial y se quedó en Planeta. Después de Planeta, se fue a Macmillan. En la actualidad, es director de Penguin Random House en México.

VIII

Publisher y Editor

Para el autor, es importante conocer la distinción que existe, sobre todo en Europa, Estados Unidos e Inglaterra, entre lo que es un *publisher* y un editor. La distinción tampoco es del todo clara en España.

Hasta hace algunos años —antes de la formación de los grandes consorcios de la industria editorial—, el *publisher* era generalmente un individuo que invertía sus recursos en la creación de una editorial, el dueño propiamente.

El *publisher* tiene la última palabra sobre las obras que se publican. También está a cargo de cuestiones administrativas, presupuestales, ventas y *marketing*. El idioma inglés reconoce claramente la diferencia entre *publisher* y *editor*; en el español son lo mismo.

Un editor en el sentido tradicional del término puede ser un *publisher,* pero un *publisher* no necesariamente es un editor. Por ejemplo, un *publisher* es una persona que decide abrir una editorial, invierte su capital, se preocupa por hacerla rentable, mientras que los editores serán responsables de la generación o contratación de contendios, de crear un catálogo, de buscar autores, comprar derechos, etcétera.

En Francia, los dueños de Gallimard, la famosa editorial francesa, son los *publishers,* pero no son quienes escogen todos los libros que publican. En México, hubo casos donde una sola persona era *publisher* y editor, como Antonio Vanegas Arroyo, famoso impresor y editor de finales del siglo XIX, dueño de su propio sello que publicaba contenidos populares ilustrados por José

Guadalupe Posada. Joaquín Díez-Canedo, fundador y dueño de la editorial Joaquín Mortiz (1962), se encargaba personalmente de contratar obras, editar y tratar con los autores, además de estar pendiente en las cuestiones administrativas de su editorial.

En la industria editorial mexicana, no existe distinción entre editor y *publisher*. En todo caso, este último es la empresa que se encarga de todo el proceso editorial y el editor es la persona que hace los hallazgos, que descubre nuevos autores, que busca los libros y los lleva a la empresa para publicarlos.

Los dueños de las empresas editoriales van de la mano con los editores. La compañía editora debe saber a lo que le está apostando en el mercado editorial para que le reditúe y sea un negocio. Siempre está presente la necesidad de contar con un capital porque existe el factor riesgo.

Por ejemplo, un inversionista abre una nueva editorial y decide publicar 12 libros en un año. De esa docena de títulos, apuesta a que uno o tres o cinco puedan ser un éxito. El riesgo existe, pero si lo logra, se capitaliza para seguir adelante.

En cierto modo, la industria editorial es como el cine: se puede producir una película de bajo presupuesto, que cueste 100 000 dólares, pero de inicio se necesita esa cantidad para producirla y, al estrenarla, es imprescindible atraer al público suficiente para recuperar la inversión. Si fracasas, es posible que termine tu historia como productor, y no tiene que ver con la calidad del producto, sino con la capacidad de percibir lo que el público desea, entusiasmarlo para que llene las salas o, en el caso de la industria editorial, compre el libro.

Me tocó ser *publisher* y editor en Promexa. Pero una vez que ingresé a Planeta, fui básicamente *publisher* porque la empresa tenía una estructura de editores. No hay una línea rígida que divida una actividad de la otra, pero el *glamour* y la atracción de ser editor por supuesto es muy superior a la de ser *publisher*.

Cuando una persona con cierto capital inicia una editorial, tiene en la cabeza lo que quiere publicar. Es un hecho que nadie inicia una editorial porque es un negocio con rentabilidad asegurada. El dueño no sale al mercado a ver qué se le ocurre comprar; cuando funda una editorial, ya sabe lo que quiere editar.

Como *publisher*, siempre esperas ese billete de lotería ganador, a menos que seas una persona muy acaudalada a la que no le importe cuánto va a gastar en su inversión, pero es un hecho que buscará recuperarla para poder publicar más libros. Al final, ese es el objetivo: darle vuelta al dinero para seguir buscando lectores.

Hay casos curiosos en que el *publisher* no tenía nada que ver con los libros hasta que los libros llegaron a él. Así sucedió con el fundador de Planeta, el viejo Sr. Lara, que comenzó vendiendo zapatos de puerta en puerta en los pueblos de España. Ocurrió que alguno de sus clientes no le pudo pagar en efectivo y comenzó a pagarle en especie con libros. Y no le pareció mala idea venderlos también de puerta en puerta. Obviamente le gustaban los libros, tenía una mente empresarial y el instinto del hombre de negocios.

Las editoriales grandes tienen claro el negocio: que los libros se vendan, generen recursos, se reinvierta en nuevos títulos y que un alto porcentaje de lo publicado pase a formar parte de un catálogo que se venda por mucho tiempo.

Si el *publisher* decide crear una editorial, por ejemplo, para publicar novelas de autores menores de 30 años, y sale a buscarlos, los identifica, los publica; el *publisher* es al mismo tiempo editor.

Un ejemplo que me parece interesantísimo es el de Roberto Calasso, magnífico editor que formó su compañía después de estar como funcionario muchos años en el gremio. Además de ser muy buen escritor, decidió hacer su propia colección de libros que a él le gustaban. Quizá eran obras casi desconocidas, pero eran de su entero gusto y fundó su editorial llamada Adelphi, donde formó su singular y prestigioso catálogo.

Las cuartas de forros de cada título de Adelphi eran escritas por Calasso y en ellas explicaba las razones editoriales para su publicación. Son textos breves pero memorables y la suma de ellos se convirtió en una singular antología de lo que implica ser editor.

Anagrama, editorial de la cual Calasso era autor, decidió escoger cien textos de los más de mil que escribió para los libros de Adelphi y fueron publicados bajo el título *Cien cartas a un desconocido* (2007), cuya cuarta de forros señala: «Un programa editorial nace de la mezcla entre un proyecto y el azar y acaba configurándose como un mundo posible. Este libro es una primera guía para explorar ese mundo posible».

Calasso tuvo éxito porque amaba la lectura, tenía olfato editorial: buen ojo, intuición, conocimiento del mercado para saber lo que podía venderse; pensaba como editor, pero también como *publisher*.

Otro caso es el de Beatriz de Moura, fundadora y editora de Tusquets. A lo largo de su vida fue una gran lectora. Tenía gran curiosidad por leer libros de diferentes orígenes, lenguas y temas, y eso fue parte de su éxito. Su compañero Antonio López Lamadrid —hombre de negocios— era su *publisher* y se encargaba de todos los detalles comerciales y administrativos de Tusquets.

El éxito de un editor depende de saber escoger obras, descubrir autores o impulsar talentos desconocidos, pero también depende de que sea un gran lector; es decir, que tenga un acervo personal de buena literatura, con títulos de temas que sean de su gusto exclusivo.

El editor comparte las buenas lecturas sin importar el tema; de lo que se trata en esencia es de difundir un *gusto*, una buena lectura. ¿Qué es una buena lectura? Depende de cada editor y de sus preferencias. Se dice también que los buenos editores deben ser buenos lectores.

Personalmente creo que el editor es alguien que quiere compartir, así de simple. Eso es lo que le pasa a cualquier lector cuando recomienda un libro que le apasionó: quiere compartirlo. Eso es difundir de algún modo la lectura, las ideas, las interrogantes, el entretenimiento, los conceptos.

Tanto Roberto Calasso como Beatriz de Moura coinciden en que la primera exigencia de un editor es leer. Esto es algo que también han dicho otros editores que han escrito sobre la función del editor, por ejemplo, Jorge Herralde, de Anagrama: «esta es mi biblioteca, esto es lo que a mí me gusta leer».

En México, Víctor Manuel Mendiola es un ejemplo de *publisher* y editor de El Tucán de Virginia. Es un empresario y poeta. Decidió publicar fundamentalmente poesía. Todos sus libros tienen el mismo formato, y todos son de poesía en español, ya sea original o traducida. Cuenta con varias colecciones bilingües: *Los Bípidos*; *Antología*, que incluye a autores nacionales y extranjeros; *Vita Nuova*, dedicada a autores mexicanos de este siglo; *Al Volante*, que agrupa solo autores inéditos.

Existen muchas editoriales independientes, pequeñas, que se dedican a publicar poesía en tirajes cortos, porque siempre se estima que el público para la poesía es reducido. Sin embargo, ha habido ideas editoriales para un mercado perdurable de poesía, como los *Poetas de Bolsillo*, de Everyman's Library, que es una iniciativa de Alfred A. Knopf Inc. (1915) y en ella se encuentran ediciones de bolsillo por tema o por autor, encuadernados en pasta dura y no necesariamente baratos. Tienen poemas sobre el amor, jardines, la muerte, el mar, entre muchos otros temas.

Existe esta tendencia en la publicación de poesía: si de pronto tienes a un poeta que gana el Premio Nobel o alguna distinción importante, desde luego, cada libro nuevo que se publique de ese autor saldrá en tamaño normal o en rústica para llegar a un público más amplio a un precio menor.

Los libros de Knopf son muy reconocidos por su elegante diseño tipográfico; su logotipo es un perro Borzoi que aparece en todas sus ediciones. Alfred Knopf era el *publisher* y su esposa Blanche Knopf era la que editaba; publicaron toda la obra de Thomas Mann en inglés y formaron un catálogo muy prestigiado de literatura internacional.

Ediciones Paulinas es otro ejemplo de una empresa editorial que pocos conocen, su tema es la religión. Manejan la empresa religiosos de la orden de San Vicente de Paul. Una vez me invitaron a dar una plática sobre el libro en un seminario de fin de semana como acostumbra cualquier empresa. Todos eran semisacerdotes y todos eran vendedores. Estaban analizando el cambio de diseño de sus libros que eran anticuados. Tenían un catálogo enorme, obviamente representan una buena fuente de ingresos para la orden.

Otros *publishers* y editores fueron nada menos que Virginia Woolf y su marido, Leonard Woolf; juntos fundaron The Hogarth Press (1917). Virginia publicó toda su obra en su sello.

Virginia y Leonard eran el binomio perfecto en términos editoriales —eso no impidió que ella se suicidara— y tenía todo el sentido: el marido era editor; ella, escritora y trabajaba en la editorial. Cuando comenzaron, imprimían los libros a mano, con una pequeña prensa. Luego se industrializaron.

Hablemos de un tema desagradable, los saldos. El *publisher* sabe que el inventario no vendido perderá valor; su costo se deprecia desde que los libros entran al almacén hasta que se agotan, y finalmente se debe cargar como gasto. Cuando están en ceros, puedes manejarlos como saldo o vendérselos a los mismos autores que siempre se quejan cuando llega el momento de destruir los remanentes.

El remate de libros se puede hacer a través de vendedores que manejan saldos; los vendedores están para vender el catálogo no para vender saldos. Los salderos son todo un sector independiente, compran libros dependiendo de sus clientes y normalmente se trata de un negocio familiar.

Para el dueño de una editorial el que uno de sus autores gane el Nobel es equivalente a que un productor de cine gane el Oscar a la mejor película: no es el director pero es parte del equipo que realizó la cinta ganadora. En el caso de los libros, es un hecho que con un premio de esta magnitud se van a vender los títulos del autor galardonado mucho más que antes y es posible que pueda convertirse en un clásico. Hay otros casos en que el Nobel pasa sin pena ni gloria.

Algunos Nobel africanos son desconocidos en México pero otros como Nadine Gordimer y J. M. Coetzee, sudafricanos, han tenido resonancia internacional.

El Premio Nobel no es sinónimo indiscutible de excelencia; en Europa puede haber escritores que por distintas situaciones alcanzaron el famoso reconocimiento literario. La rusa Svetlana Aleksiévich escribe bien, pero su obra no es imprescindible. En cambio hay escritores ganadores del Premio Nobel que permanecen vigentes como Thomas Mann, Hemingway, Steinbeck, Camus, Beckett, Vargas Llosa, Paz, en cuyas obras los lectores siempre encontrarán algo nuevo y sus obras encontrarán nuevos lectores.

El otro ejemplo es el escritor noruego Jon Fosse, ganador del Premio Nobel de Literatura 2023. Era un autor casi completamente desconocido, que escribía principalmente sobre el ámbito noruego; introvertido y con una vida solitaria. Sus textos pueden parecer difíciles al principio, pero es todo lo contrario: expresa muchísimas de las angustias y preocupaciones cotidianas de la gente. Cualquiera podría decir que el lector mexicano o el español o el estadounidense nada tienen que ver con esos problemas, pero no es así, son temas comunes en el ser humano.

Los libros de Fosse, traducidos al español, los tenía a la venta una editorial pequeña dedicada exclusivamente a publicar su obra. Como también es un exitoso autor de teatro, tenía algunas obras traducidas. Cuando recibió el Nobel, aún no estaba en librerías su obra de ficción *Septology*. La historia de Fosse es uno de esos casos en los que una pequeña editorial creyó en él y se sacó la lotería.

Hay cierta *iettatúra* («mal de ojo, mala suerte») en el mundo editorial respecto a que los libros de poesía y teatro no se venden. Son dos géneros literarios que se convirtieron en tabúes para las editoriales que publican libros de interés general, pero siempre hay algunos dueños de editoriales audaces que se arriesgan y se especializan en poesía y teatro porque les interesa y así lo han decidido. En México, hay varios editores de teatro que han hecho un gran trabajo.

Jaime Sabines es el poeta mexicano que mayores ventas generó con sus libros de poesía. Cada año se vendía una edición completa de *Recuento de poemas* que, sumado a la compra de 15 000 ejemplares por parte de la SEP, hizo de su poesía un éxito. Pero es un caso particular: la excepción que confirma la regla. La realidad es que los poetas, los escritores de teatro y los cuentistas siempre han tenido problemas para convencer, incluso a su editor tradicional, de que se publiquen estos géneros.

Existen otras editoriales que se dedican a traducir todo género, como Anagrama, que ha creado un catálogo de ficción y ensayo extraordinario con autores internacionales y nacionales de calidad. Esta política editorial ha sido una decisión totalmente personal tomada por el dueño de Anagrama.

Tienen dos o tres libros de memorias muy interesantes en su catálogo y han promovido a Roberto Bolaño, a Martin Amis, a

Ian McEwan y a muchos autores italianos. Sus traducciones de autores extranjeros al «anagramés» son objeto de constantes polémicas.

Un tema curioso son los autores que se preocupan por el diseño del libro. Algunas veces me tocó escuchar quejas de los autores porque no les gustaba la portada de su libro, ni los colores o la tipografía. Una vez un autor me dijo: «Es el libro más feo que he visto en mi vida». Otro me dijo: «Si pudiera evitarlo, no publicaría en esta editorial que no tiene la calidad que yo tengo».

En otra ocasión, tuvimos el caso de un autor que nos dijo que venía con nosotros porque necesitaba con urgencia publicar un libro, ya que estaba tramitando la beca del Fonca y fue muy claro: nos dijo que, si no fuera por esa razón, jamás publicaría con Planeta. Le hicimos el favor y desde luego nunca más volvió.

Las empresas constituidas como editoriales saben que es muy aconsejable tener libros que se vendan muy bien para tener los recursos económicos y la libertad de publicar muchas otras cosas.

En Promexa casi nunca compramos un *bestseller* porque los anticipos eran demasiado altos; se volvían casi inaccesibles para una editorial pequeña. Con el pago de uno de esos anticipos, podíamos adquirir los derechos de una decena de libros de autores mexicanos o impulsar nuevos talentos. En un par de ocasiones, hicimos una excepción y ofrecimos más dinero, pero nunca llegamos a pagar lo que el agente literario o el autor pedían por sus derechos.

Es un hecho que el más reciente libro de un autor de gran éxito no necesariamente será bueno y tampoco existe la garantía de que se venderá igual que éxitos anteriores. Los autores consagrados también entregan malos libros.

El fondo editorial debe tener potencial para reciclarse; reeditar títulos que se siguen vendiendo a pesar del paso del tiempo; publicar en otros formatos, como convertir una obra publicada en rústica a libro de bolsillo; esa debe ser la riqueza del catálogo de una editorial.

¿Pasan los años y se siguen vendiendo 100 ejemplares anualmente? Si el tema vuelve a ser vigente o si el autor publicó un libro exitoso, es posible reciclar sus títulos anteriores y publicarlos en otro formato.

Eso pasó con los títulos de Francisco Martín Moreno en Planeta. En 1986, Joaquín Mortiz publicó su libro *México negro*, y fue un éxito total. Vendió decenas de miles de ejemplares; pero, pasado un tiempo, dejó de interesar.

En los años noventa, cuando estaba en Planeta, Francisco Martín Moreno me pidió una cita y me sugirió que reeditáramos *México negro*. Lo hicimos y volvió a vender muy bien. Él sabía que ese libro no estaba muerto; a partir de ese momento, publicamos nuevos títulos suyos que tuvieron mucho éxito.

Otro fenómeno: autores que escriben muy rápido creen que cada libro nuevo es mejor que el anterior y quieren que su editor se los publique a como dé lugar. Quizá en ese año la casa editora no tiene suficiente dinero para publicarlo, o al editor simplemente le pareció infame el nuevo libro, pero el autor insiste, porque si no, ¿qué le va a ofrecer a sus fans en la FIL de Guadalajara?

Tuvimos un autor en Planeta muy exquisito, muy literario; era bueno, pero escribía cuatro libros al año y nos entregaba todos para que los publicáramos. Había escrito un primer libro que recibió buenas críticas y se vendió bien; si eso había sucedido con el primero, ¿acaso no existía la posibilidad de que sus nuevos títulos siguieran el mismo camino?

Intenté explicarle los inconvenientes de publicar cuatro títulos de su autoría el mismo año. Además, fuera del primero, el resto era bastante malo. Desde luego, no lo publicamos y se ofendió.

Hay un mercado que siempre ha tenido mucho potencial: el de los libros de autoayuda, y el trato con los autores también guarda sus historias. Hace 30 años, en México, este tipo de libros era publicado nada más por Diana y Sélector, y en las librerías podían encontrarse títulos que venían de España, de editoriales como Grijalbo, Urano y otras.

En la actualidad, gracias a los procedimientos de autoedición que ofrecen plataformas como Amazon, un autor puede ser su propio editor, imprimir sus libros, y llevarlos personalmente a sus conferencias de superación personal para venderlos. No todos los libros de autoayuda son interesantes ni exitosos, porque no responden a una necesidad bien identificada. Además, lo que fue un éxito en Estados Unidos o en España puede ser un fracaso en México.

Los autores de estos títulos viajan por el mundo dando pláticas, predicando y ganando adeptos. Es difícil manejar a estos autores porque esperan mucho de la editorial: un despliegue personalizado porque su protagonismo lo exige. Si el libro es un éxito, la editorial no escatimará porque sabe que con los recursos generados por estos títulos puede publicar libros de otros temas.

Cuando estuve en la industria editorial, no existía el internet y mucho menos las redes sociales. La promoción de los libros generalmente se realizaba a través de los suplementos culturales de los periódicos, donde los críticos hacían sus recomendaciones, escribían reseñas, y se desataba la conversación sobre algunos títulos y sus autores. También era posible saber más de los escritores a través de entrevistas; además, había noticias sobre las novedades y el mundo de los libros.

En Europa, todos los periódicos tienen suplementos culturales; en México, desaparecieron casi por completo en los últimos años. En ocasiones, las secciones culturales publican entrevistas con autores, pero depende de su fama. Ya no existe la continuidad que ofrecían los suplementos culturales que aparecían semanalmente.

En España, *El País* tiene su revista cultural *Babelia* que aparece cada semana y ofrece información sobre innumerables libros, de los cuales el público solo leerá algunos, pero el lector cuenta con información sobre autores, títulos, editoriales, presentaciones, etc. Eso se perdió en México por completo.

Que un libro sea comentado en un medio impreso representa un valor por sí mismo, porque se puede citar una fuente al hablar de él. Era un instrumento fundamental para promover las presentaciones de libros, que son un arma de doble filo: el público puede llenar la sala o no.

Cuando la editorial organiza la presentación de un libro que no es de un autor famoso, si asisten 50 personas es un éxito; no todas compran el libro, pero se acercan al autor, pueden llevar otros de sus títulos para firma, se toman fotografías, etc. Son pocas personas, pero la recomendación de boca en boca suele ser la más importante.

Las presentaciones forman parte del gasto de promoción y costo de difusión que debe de estar contemplado en el del propio libro. La editorial debe de escoger cuidadosamente a los autores que llevará a las ferias; ya sea que asistan 10 o 100 personas a una presentación, todo suma. Los asistentes comentarán la presentación, hablarán del autor y recomendarán el libro.

Cuando la editorial organiza la presentación de un libro, trata de eliminar toda posibilidad de que sea un fracaso. Juan Villoro, por ejemplo, tiene una gran ventana al público gracias a su interés y textos sobre el futbol. Esto atrae a la gente hacia sus otras actividades literarias y le ha permitido construir un mercado propio; todo esto contribuye.

Hay autores que no quieren presentar su libro; tienen pánico de ir a una reunión donde haya 100 personas o, por el contrario, les aterra que no se paren ni las moscas. En ambos casos, el libro podría convertirse en un *bestseller*, nunca se sabe.

Irene Vallejo publicó *El infinito en un junco*, un libro sobre filosofía muy bien escrito; ella tiene una personalidad arrolladora y su libro me gustó mucho, pero si no hubiera tenido éxito, no lo hubiera leído. Tanta gente llegó a platicarme del libro que, de pronto, llenó la conversación y fue imperativo leerlo.

En México, la presentación del libro de cualquier autor es como su fiesta de quince años; es su momento. En las presentaciones me ha tocado ver la confrontación de opiniones entre el autor y alguna persona del público, ya sea porque está en desacuerdo o solo por molestar. El editor tiene que estar preparado para eso. Las personas que van a la presentación de un libro están interesadas en el autor, si lo conoce y le gusta o si lo conoce y lo odia, va querer ir. Para eso son las presentaciones.

Pero también hay que cuidar a los autores. Si una editorial organiza la presentación de una novela histórica e invitas a un historiador académico a presentarlo, el editor se está metiendo en un pantano y le está haciendo flaco favor al autor, a menos que el historiador sea su amigo, o lleve una buena relación con la casa editorial.

Cuando veíamos el tema de las presentaciones siempre tenía una actitud de resignación. Reconozco que es muy importante para el autor tener al público lector de sus libros en una sala, firmar libros y tomarse fotografías, pero no siempre resulta bien, puede pasar de todo, como el que no asista una sola persona.

Aun así, todo lo que se haga para difundir un libro y dar a conocer a un autor es positivo. Sobre todo, si el autor está de acuerdo en que quiere estar ahí y quiere recibir a la gente.

Se podrían escribir varios volúmenes sobre el Fondo Cultura Económica y la definición de su verdadera función. Considero que su fundación en 1934 fue un acierto porque era un momento crítico dado el contexto internacional que anunciaba un conflicto mundial a la vuelta de la esquina.

Era el momento de pensar en una editorial mexicana que proporcionara libros sobre economía, economía política y ciencias políticas. Lo llamaron Fondo de Cultura Económica y no fue sino hasta diez años después cuando comenzaron a publicar otras disciplinas y, desde luego, literatura.

Fue creada para editar principalmente libros académicos. Sus primeros dos títulos, especializados en economía, fueron *El dólar plata* de William P. Shea y *Karl Marx*, de Harlod Laski en 1935. Cuatro años después comenzó la colección de Ciencia Política y la colección de Historia. Se tradujeron obras como *El Capital* de Marx, obras de Federico Engels, entre otros.

En la década de 1970, el FCE pasó de ser una editorial muy importante en la difusión de la cultura, no solamente económica o social, sino de todo lo mexicano. En algún momento, para intensificar la venta al exterior, alguien propuso que la mejor manera era establecer sucursales del Fondo en las principales capitales latinoamericanas y en España; otra persona pensó que era una forma incuestionable de fomentar la cultura mexicana en su mercado natural: Iberoamérica. Los resultados han sido, en el mejor de los casos, mixtos.

El tema puede discutirse hasta la eternidad: ¿Era necesario abrir sucursales del FCE en el extranjero —lo cual significaba una importante inversión de recursos públicos para hacerlo— o pudo buscarse un medio distinto para que las obras mexicanas llegaran a las librerías más allá de nuestras fronteras?

Siempre he tenido sentimientos encontrados sobre el Fondo. En algún momento perdieron la brújula y trataron de convertirse intencionalmente en una herramienta hegemónica de México en América Latina; buscaron ser la bandera de la cultura que para eso pusieron las diferentes tiendas y el Instituto Mexicano de Cultura.

Había que detenerse en ese momento y definir su naturaleza: ¿Qué era el Fondo de Cultura Económica, una editorial o un arma del gobierno mexicano para promover la imagen de México como país cultural? Había que analizar qué implicaba eso, cuánto le costaba al erario, porque el FCE nunca ha ganado dinero.

No tengo inconveniente en que haya una tienda de libros mexicanos en otros países, no tengo ningún problema con eso, es bueno desde el punto de vista de la imagen. Pero solo la gente muy interesada en temas mexicanos va a ir a una librería mexicana a buscar lo que se está publicando en México, a menos que sea un autor reconocido internacionalmente.

La Secretaría de Relaciones Exteriores tiene agregadurías culturales en cada embajada dedicadas a la promoción de la cultura mexicana en el mundo y, a través de ellas, se organizan eventos, conferencias y presentaciones.

Tenemos ejemplos a la inversa. En plena época de la posguerra, a mediados de 1950, Francia estableció una librería en México que se volvió un lugar muy exclusivo, casi era el único donde se podían adquirir libros en francés. La librería contaba con el apoyo del Gobierno de Francia, pero con el tiempo le fue retirando los recursos y la editorial Gallimard se hizo cargo. Aunque la librería era conocida en la Ciudad de México, el francés ya no entusiasmaba a mucha gente. El inglés se había infiltrado en todas las actividades, incluyendo la académica.

El caso de la Librería Británica fue diferente: surgió de la iniciativa de un inglés convencido de que la capital de México debía tener una librería con libros ingleses. En ese entonces, ya existía la American Bookstore —vendía títulos estadounidenses— que había surgido a finales de la década de 1920, a partir de una pequeña editorial y de una cadena de tiendas de antigüedades llamada Sonora News Company, fundada por Charles B. Waite —fotógrafo estadounidense—, que tenía su sede en la calle de Gante y editaba y vendía periódicos, revistas y guías en inglés.

Ni la Librería Británica ni la American Bookstore tuvieron éxito vendiendo libros de interés general, pero no desaparecieron. Encontraron un nicho de mercado muy rentable en la venta de libros de texto para aprender inglés en todos los niveles y para todas las escuelas. En temporada escolar, la gente abarrotaba las librerías que se encontraban en la calle Madero, en el centro histórico. En la American Bookstore también se podían adquirir algunas novedades literarias estadounidenses.

Lo que impulsó al Fondo de Cultura en un momento fue dar a conocer las letras mexicanas en el extranjero y difundir lo que se estaba escribiendo en México. Pero otras colecciones del Fondo, como los *Breviarios,* eran en su mayoría traducciones al español de autores extranjeros sobre economía, filosofía, historia y ciencia. Lo relativo a las letras mexicanas era realmente lo que tenía que ofrecer como novedad, aunque era poco.

El Fondo tomó el estandarte de llevar la cultura mexicana en libros a los países de América Latina, pero no tuvo la respuesta esperada. Alguna vez comenté esta situación con funcionarios amigos del Fondo y me vieron como a un traidor a la patria por criticar su cruzada mexicana del libro.

Por otra parte, el Fondo realizó un gran trabajo al publicar traducciones sobre historia de México, libros académicos de historiadores e investigadores extranjeros de las principales universidades de Europa y Estados Unidos, que no solo llegaron a la academia, sino también a los lectores interesados en la historia.

En la década de 1960, comenzaron a surgir otras editoriales mexicanas muy importantes, como Era (1960), que tuvo su momento de esplendor; importaban o compraban títulos en el extranjero y los publicaban en México. Le dieron especial énfasis a la publicación de libros de ciencias sociales, arte e historia y literatura. Un gran catálogo, diverso y provocador.

Joaquín Mortiz (1962) también compró títulos europeos para incorporarlos a su catálogo, por ejemplo, tradujo a Günter Grass y a André Breton, entre otros escritores, y los publicaron en México.

A partir de la segunda mitad del siglo XX, varias editoriales buscaron explotar internacionalmente sus fondos bibliográficos. Esto facilitó la entrada a México de muchísimos libros y el establecimiento de editoriales. Siglo XXI abrió una empresa que adquirió importancia porque le hizo competencia al Fondo de Cultura Económica con libros académicos y títulos sobre temas que no abarcaba el Fondo: psicología, psicoanálisis y sociología. En algún momento, incluso publicaron obras de ficción como *Zona sagrada,* de Carlos Fuentes, aunque no era su línea.

Lo que hace que al más reciente libro de un autor le vaya bien y al siguiente no tanto, es el tema; es posible que a los lectores no les haya interesado. Si a su editor no le pareció bueno, el autor tiene que saberlo, ya sea para mejorarlo o simplemente para informarle que se imprimirá un tiraje menor, y si es bien recibido, vendrán las reimpresiones. Existen diversos factores que determinan que a un libro le vaya bien o sea un fracaso.

Mafalda fue un caso curioso, porque fue un éxito con su primera generación de lectores, la de los años sesenta, que compró toda la colección. Luego llegaron nuevas generaciones que también la recibieron bien. Siempre ha sido un título muy noble, un *longseller*.

La tragicomedia, de José Agustín, se vendió fantásticamente bien; Planeta lo publicó antes de que yo me incorporara a la editorial. El libro tuvo varias reimpresiones y luego se fue para abajo. Después de un tiempo, lo publicamos de nuevo y otra vez tuvo buena acogida. Encontró mercado entre los nuevos lectores de José Agustín.

Hay autores que viven de sus ventas, aunque en México no es común. En países como Francia, Inglaterra o Estados Unidos, generalmente los autores viven de sus libros aún sin ser *bestsellers*. El resto tiene otras ocupaciones: son maestros, escriben para revistas y periódicos, hacen libros por encargo, dan conferencias; en resumen, realizan innumerables actividades para cubrir sus gastos mensuales.

El sueño de todo autor mexicano es ser publicado en España o tener una distribución de sus libros en todos los países, pero eso no se va a dar, salvo en casos excepcionales, porque los libros que más se venden en un país son los libros escritos por sus propios autores.

Un autor como Jorge Volpi apostó por convertirse en un escritor reconocido universalmente. Lo consiguió con su novela *En busca de Klingsor* (1999) y siguió el mismo camino con sus obras posteriores. En la actualidad, es de los pocos mexicanos que están presentes en el mercado editorial internacional junto con David Toscana, Valeria Luiselli, Cristina Rivera Garza, Alberto Ruy Sánchez, Juan Villoro, entre otros.

José Saramago no era conocido y, de repente, pegó en español. ¿Cuántas personas leen en portugués? Su éxito se debió a que los libros eran buenos y sus temas, universales; además, él era carismático, lo cual también influye en un autor.

Guadalupe Loaeza también es una autora con personalidad, reconocida públicamente. Es agradable para muchas personas que la siguen en distintos medios. Elena Poniatowska, literalmente, no necesita presentación. Sus opiniones, declaraciones y entrevistas se convierten en nota periodística. Todo eso también influye en las ventas de cada autor.

También es importante considerar la división geográfica de los derechos en español: a veces nada más se venden para España. En otras ocasiones, se venden por regiones, incluso dentro de empresas editoriales como Planeta.

En México, Centro América y el Caribe, el nuevo libro de Gabriel García Márquez fue publicado por Planeta, pero en España, y seguramente en el resto de Latinoamérica, lo publicó Penguin Random House. En estos casos, las dos editoriales se ponen de acuerdo para llevar la misma portada del libro y no confundir a los lectores.

Es probable que fuera negociado así por el agente literario y es un caso excepcional porque Gabo es el autor de mayor venta en lengua española.

Los derechos de los libros publicados en francés se venden por igual en todos los sitios donde se habla la lengua francesa: no hay división entre Francia, Bélgica, Luxemburgo y países de ultramar que todavía son posesión de Francia.

En la lengua italiana, ocurre lo mismo: tienen derechos mundiales y los negocian como quieran. Pero en la lengua inglesa sí está dividido. Se pueden vender los derechos para Inglaterra y Estados Unidos o nada más para Inglaterra y Europa, y los derechos para Estados Unidos se venden por separado. Cualquier autor inglés, claro está, desea ser publicado en la Unión Americana, pero no siempre es factible.

En el siglo XIX, se hacían ediciones para Londres y ediciones para Nueva York de un mismo título. Esto se debía a que los libros ingleses tardaban en llegar a Estados Unidos, por lo que las casas editoras abrieron oficinas en Nueva York. Eso cambió con el tiempo. Ahora, en buena medida, depende del autor.

Generalmente hay una edición para Estados Unidos, incluso con una portada diferente si el autor o los editores creen que la portada para Inglaterra o Europa no va a funcionar entre los lectores estadounidenses.

Lo que sigue siendo una constante es que el autor más vendido en Francia es un francés; en España, un español; en México, un mexicano. Claro que hay excepciones con los *bestsellers* mundiales, los Premios Nobel de Literatura —cuando anuncian al nuevo ganador del premio—, o algunos casos excepcionales, por ejemplo, *Pedro Páramo*, de Juan Rulfo, se convirtió en un clásico internacional. Algunos títulos de Carlos Fuentes siguieron el mismo camino.

Las editoriales publican para su mercado local en primera instancia; su catálogo duradero estará formado por los libros propios de su mercado. Esa es una condición esencial para entrar en el negocio de los libros: pensar en los lectores y no solo en las modas.

Inicialmente, los mexicanos leen a los mexicanos. Guadalupe Loaeza no va a ser leída en París, porque *Las niñas bien* o *La amante de Río Nilo* no significan nada para los parisinos.

¿Existe un mercado hispanoamericano de libros? Cuando se piensa en toda Latinoamérica, desde México hasta Tierra del Fuego, y se considera también a la comunidad latina en Estados Unidos, no hay lugar a dudas: el mercado es inmenso y se presenta como una gran oportunidad para el negocio de los libros.

Pero no es así. Los intereses de los migrantes que viven en Chicago o Los Ángeles, de los habitantes de la Ciudad de México o Guadalajara, y de las personas en Centroamérica y Sudamérica, son distintos entre sí. Lo que en términos editoriales puede funcionar en Los Ángeles podría ser un fracaso en Argentina.

En los años recientes, los mercados locales de las letras se han visto invadidos por varios géneros literarios que han tenido éxito en Europa, Estados Unidos, Asia y el resto de Latinoamérica. No son géneros nuevos, pero sí se revitalizaron y hoy encabezan buena parte de las preferencias de grandes grupos de lectores. Estos géneros son la fantasía, la ciencia ficción y el terror.

Viajes en el tiempo, universos paralelos, aventuras en otros mundos, criaturas terroríficas, superhéroes y supervillanos son temas que, además, han transitado del mundo de las letras a las múltiples franquicias de cine y televisión.

En México, existen superhéroes como la línea de luchadores que ha llegado al mercado estadounidense y asiático. Japón hizo famoso a Godzilla desde su debut en el cine en1954, y ha regresado para aterrorizar a Tokio, Kyoto y al mundo entero, convirtiéndose en un fenómeno. Los libros, las historietas, las novelas gráficas y los videojuegos de diversas consolas buscan satisfacer la imaginación o el deseo de las personas para sentir miedo, terror y alivio después de leer cómo el héroe o la heroína salvaron al mundo una vez más.

El terror puede llegar a través de animales prehistóricos, androides y robots, o criaturas de otros planetas. Muchos novelistas alcanzaron el éxito inmediato al explotar temas que parecían olvidados y encontraron su nicho entre un sector de lectores jóvenes, ávidos de entretenimiento. Pero nadie imaginó que este género encontraría un enorme público adulto.

Siguiendo esta lógica, sería bueno explorar los resultados que arroja la literatura sobre el narcotráfico, en particular las obras de no ficción: crónicas, ensayos y monografías. Tengo dudas sobre si estas obras se venden mucho, ya que no creo que, en términos de lectura, este sea un tema muy atractivo o que despierte mucha curiosidad debido a su carácter sumamente violento y crudo. ¿Qué tan interesante resulta leer sobre ese tipo de violencia? No es la misma violencia de las novelas negras, policiacas o de detectives: ahí el protagonista principal es el héroe.

Estos temas —misterio, terror, ciencia ficción— eran considerados lecturas «adultas» y abarcaban un ciclorama infinito, dependiendo de las opciones disponibles para el joven o la joven que sentían la inquietud de superar la literatura infantil.

Muchos lectores se engancharon con el «misterio» y el «horror», y con los personajes que habitan ese mundo: desde *El monje* de M. G. Lewis y *Frankenstein* de Mary Shelley, pasando por las poderosas novelas de Wilkie Collins, hasta la maestría de Edgar Allan Poe en la fantasía y los estados de ánimo. También destacan figuras como el ubicuo *Drácula* de Bram Stoker, el archivillano Fantomas, el ladrón Arsenio Lupin, y la perdurable Agatha Christie. Los indestructibles detectives, desde los geniales como Sherlock Holmes, hasta los clásicos, duros, cínicos creados por Dashiell Hammett, Raymond Chandler y Ross MacDonald, junto a una interminable lista de colegas europeos —británicos, franceses, noruegos, suecos, neerlandeses, italianos, españoles—, encabezados por Georges Simenon en una categoría única, quien es el autor de 200 novelas que han vendido más de 500 millones de ejemplares en 55 idiomas. André Gide fue uno de sus primeros admiradores.

En Latinoamérica, la pasión europea y estadounidense por las novelas policiales cautivó la atención de famosos escritores como Adolfo Bioy Casares y Jorge Luis Borges. Juntos seleccionaron y compilaron la emblemática colección *El Séptimo Círculo*, publicada en español a partir de 1945, y que aún hoy es ofrecida en quioscos por el diario argentino *Clarín*.

A lo largo del tiempo, el género de misterio, crimen y detectives, junto con sus continuos autores e innovadores, ha sido fuente de innumerables versiones cinematográficas, del origen del *film noir*, de novelas gráficas y fascículos. El género ocupa una posición relevante en la oferta de los canales digitales. Nótese la mención muy destacada de los autores de estas innumerables series, provenientes de diversos países y culturas.

En México, algunos escritores relevantes se han acercado al género, incluyendo Rodolfo Usigli, María Elvira Bermúdez y Rafael Bernal, cuyo *Complot mongol* es considerado un libro «fundacional» de la novela negra en México. También son contados los ejemplos de autores que han desarrollado la épica de un detective en la sombra característicamente mexicana; un ejemplo, Paco Ignacio Taibo II, cuya creación, el detective Héctor Belascoarán Shayne, protagoniza una animada y popular serie negra de diez títulos, traducida a varios idiomas. Taibo II ha sido promotor de la novela policiaca a nivel internacional; a él se debe la celebración de la Semana Negra de Gijón, «festival dedicado al género más longevo y popular de España», reza la publicidad.

Una variante en décadas recientes ha sido la aparición de la narconovela que se ubica en el devastador ámbito del narcotráfico y los personajes violentos que expresan sus emociones en un lenguaje agresivo e hiriente. Entre los maestros del género mencionemos a Élmer Mendoza, académico e inventivo narrador de un buen cuerpo novelístico, y a la laureada Fernanda Melchor que, en la premiada novela, *Temporada de huracanes,* explora los efectos de un asesinato sobre la pobreza, la sociedad, la violencia y el machismo.

En menor escala, existe otro género similar: las novelas de espionaje, que se sitúan en contextos políticos y gubernamentales. En estas novelas, la problemática no se limita a encontrar al culpable de un asesinato, sino que se enfoca en identificar y denunciar a las entidades responsables de un peligro inminente que afecta a la sociedad.

Sin embargo, siempre figura el funcionario, el investigador privado o involuntario, que asume, a pesar de sí mismo, un papel heroico en un mundo traicionero, oscuro y complejo. En este mundo, compiten diversas fuerzas por un secreto que podría poner en peligro la estabilidad de una comunidad o un país, así como la vida de sus habitantes. Al igual que en la novela negra, el protagonista se enfrenta a situaciones y decisiones que ponen a prueba —o al menos cuestionan— sus principios éticos y morales.

El número de autores de este género es mucho menor, ya que el contexto requiere experiencias y conocimientos que pocos han tenido o adquirido. Además, plantean situaciones y conflictos cuya resolución siempre involucra decisiones morales que no dejarán satisfechas a todas las partes.

Algunos maestros del género en lengua inglesa: *El agente secreto*, de Joseph Conrad; las narraciones sobre Ashenden, un espía imaginario creado por W. Somerset Maugham, influencia reconocida por muchos autores del género; varias novelas y héroes de Graham Greene; el justamente elogiado John Le Carré; Alan Furst, quien se ubica en el periodo de preguerra de la Segunda Guerra Mundial; Ken Follett y otros expertos.

Las novelas de Ian Fleming y su héroe James Bond figuran entre las más extravagantes y, a la vez, exitosas mundialmente, gracias al cine.

Acuden al llamado otros autores que se adentran en la operación de la industria militar y su no tan velada relación con el complejo militar y sus feroces disputas internas y externas, gubernamentales, nacionales e internacionales. Entre estos autores destacan quienes han vivido experiencias como miembros de agencias de espionaje privadas y no tan privadas.

Una veta adicional, no reciente pero de gran actualidad, es el espionaje en el mundo científico, tecnológico, cibernético y, sobre todo, en el ámbito de las investigaciones médicas que buscan promover un mundo más saludable. Estas ficciones —que no están tan alejadas de la realidad— plantean suspicacias respecto a la manipulación del capital inversionista debido al potencial económico que prometen los mercados y el riesgo que esto representa para el bienestar humano. Este escenario es una fuente inagotable para los adeptos a las conspiraciones y amenazas más inimaginables; pero, a la vez, incluyen advertencias cada vez más serias sobre los peligros reales o potenciales de la ciencia manipulada.

¿Cuál es el valor literario de estos géneros con más de dos siglos de historia? Para el aficionado de cualquier edad, ofrecen entretenimiento y un escape a un mundo de misterios y enigmas que inspiran temores, seguidos de una sensación de alivio —o frustración— ante la resolución de la trama.

Los autores más destacados se han vuelto famosos y exitosos porque son hábiles artesanos de fórmulas e hilados narrativos que mantienen el interés del lector de principio a fin. Así, el público ha recompensado el placer de leer con su fidelidad a estas obras. Por eso son de los libros más vendidos de la historia.

Quisiera regresar al libro, cuando el tema de los derechos de autor no era tan relevante y los impresores eran, al mismo tiempo, los editores, los distribuidores y los vendedores.

Pienso en el caso de México. La imprenta llegó a la Nueva España en 1539 gracias a un acuerdo entre el impresor Juan Cromberger, el virrey Antonio de Mendoza y el obispo de México, Juan de Zumárraga. Cromberger puso al frente de la imprenta al italiano Juan Pablos, quien había trabajado con él en Sevilla.

La primera imprenta no fue un buen negocio —no obstante, fue un monopolio hasta 1558—, ya que dependía en buena medida de los vaivenes de la imprenta de los Cromberger en Sevilla. Después de la muerte del impresor español, la viuda le traspasó a Juan Pablos el manejo absoluto de la imprenta y la situación cambió.

El primer libro impreso en la Nueva España fue *Breve y más compendiosa doctrina cristiana en lengua mexicana y castellana*, y conforme avanzó el siglo XVI, se imprimieron alrededor de 300 obras, entre libros, folletos, «tesis y otras hojas sueltas». Durante la segunda mitad del siglo XVI, se establecieron 11 imprentas más.

Se puede pensar que la mayoría de los impresos trataban cuestiones religiosas, pero no. También hubo impresos sobre matemáticas, medicina, leyes, cosmografía, vocabularios y gramáticas en lenguas indígenas, y hasta libros de música. Por ahí se coló incluso un tratado de arte militar y un texto de navegación y construcción de navíos.

Imaginemos esos años. En un principio el impresor solo se dedicaba a imprimir; no buscaba obras, ni editaba. Hacía trabajar su imprenta y tiraba el número de ejemplares que solicitaba el cliente, quien podía ser un particular o incluso una institución sin fines de lucro; la Real y Pontificia Universidad de México mandaba imprimir lo que podrían considerarse los primeros libros de texto. El negocio del impresor era ofrecer los servicios de la imprenta.

En algún momento, el impresor comenzó a quedarse con algunos ejemplares para venderlos y el negocio evolucionó. Desde la segunda mitad del siglo XVIII, las imprentas comenzaron a transformarse en pequeñas editoriales y librerías.

El autor llegaba a ofrecer su manuscrito al impresor o a la librería, pero a diferencia de los siglos anteriores, buscaba una ganancia, ya fuera que el impresor comprara su obra o recibiera una cantidad por cada ejemplar vendido.

Esta es la razón por la cual, incluso en la actualidad, muchas editoriales llevan el nombre de la librería que les dio origen. México tiene varios ejemplos: la Librería de la Viuda de Ch. Bouret, de las más reconocidas a finales del siglo XIX; la Librería Robredo, y la Librería Porrúa. Todas eran librerías importantes que además editaban libros. Este concepto de librería-editorial continúa en algunas ciudades de la República.

Es un concepto que se debe tener presente. Hay editoriales francesas que se siguen llamando «librerías» y, desde luego, hay editoriales en Estados Unidos que también fueron fundadas por libreros, como Scribner en Nueva York, que fue durante mucho tiempo una editorial de prestigio, editora de grandes escritores en los años veinte y treinta, así como de *bestsellers*. Ahora es un pie de imprenta de uno de los conglomerados más importantes, y tuvo una librería-editorial famosísima en la Quinta Avenida. Actualmente, es una gigantesca tienda de perfumería y maquillaje, un negocio mucho más lucrativo.

No todas las librerías intentan ser editoriales, depende del mercado. En México, esas librerías estaban en el centro de la capital o en el centro de una ciudad medianamente grande. En sus escaparates mostraban los libros que editaban y los que distribuían, ya fuera nacionales o importados. Una pequeña empresa editorial que buscaba que sus libros llegaran a otro lado mandaba cartas ofreciendo los libros que tenía en existencia o se anunciaban en revistas literarias.

Soy de la opinión de que la gente no compra libros por el precio. La gente compra el libro porque lo quiere leer. Como editor, puedes tener la fantasía de que si el libro se vende a $1.00 vas a vender millones, pero no es cierto.

Desde luego, se pueden vender cosas buenas y baratas, pero me refiero a obras de calidad, que realmente motiven a la gente a leerlas y que, al hacerlo, les proporcionen una satisfacción, no nada más un libro sobre la Revolución cubana por $10.00.

También sigo creyendo en la calidad física del libro. Es decir, como objeto, debe ser bonito a la vista, agradable al tacto, cómodo al hojear y duradero. En todo caso, más que barato, el libro debe de ser accesible. No tienes que venderlo en $10.00, pero sí a un precio que no sea una excusa para no comprarlo.

He oído toda mi vida que los libros están carísimos; ya no existiría la industria editorial en el mundo si el precio fuera un obstáculo. No creo que el número de lectores en México haya disminuido porque haya menos libros interesantes o porque los libros sean más caros, ni por todas estas razones que se mencionan constantemente y que, en mi opinión, desvirtúan la problemática del libro, la cual es mucho más compleja.

Desde que era niño, se decía que los libros eran muy caros, pero no es así; es como cuando dicen que en México siempre estamos en crisis. Hoy, una novela puede costar entre $200.00 y $350.00, o más, lo cual es comparable con los precios en Francia, Inglaterra o Estados Unidos, e incluso puede ser más alto en esos países.

El precio de un libro tiene que ver con la calidad del papel, la pasta, si tiene guardas o no, el número de páginas, porque eso determina el costo del papel y de todo; el tiraje también es un factor importante. Y si al libro terminado le sumas el costo del derecho de autor, la promoción, la distribución, los porcentajes de negociación con los libreros, etc., su precio va aumentando.

Los costos son fundamentales en la industria editorial. Una editorial puede nacer en un cuarto con una o dos personas, sin contar con un equipo interno de editores, diseñadores o personal de producción, ya que estos servicios pueden contratarse a través de profesionales independientes; no es necesario que formen parte de la empresa.

Esa pequeña editorial puede no tener éxito, y no porque sus costos sean menores, sino simplemente porque los títulos de su catálogo no interesan a muchos lectores. Aun así, es necesario seguir publicando, ya que, con el tiempo, podría surgir una obra que se venda muy bien.

Un editor no puede decir que solamente va a editar buenos libros, aunque todos los editores tienen ese objetivo. La pregunta es: ¿buenos para quién o para qué? Normalmente uno se equivoca, lo cual es parte del todo.

Además, tiene su atractivo: estás poniendo en juego tu criterio como editor o el de tus editores, en quienes crees. Están implícitas las decisiones de editar o no editar, de publicar o no publicar.

Nunca se debe pensar que una obra le va a gustar al 100% de los lectores; uno debe partir desde cierto grado de realismo. Hay que hacer cálculos para saber cuál es el punto de equilibrio: cuánto necesitas vender para no perder. Lo mejor es cuando un libro supera las expectativas, porque significa un mejor resultado sobre la inversión.

Considero que siempre tiene que haber un límite mínimo de venta: el punto de equilibrio. En cuanto la edición empieza a reimprimirse, se puede decir que el resultado es bueno.

Si un editor rechaza un libro, tiene que ser por su calidad, punto. Si se rechaza un libro de no ficción, tiene que ser porque el conocimiento sobre el tema es demasiado básico, porque el desarrollo es insuficiente, o porque la narrativa es aburrida o tediosa y no será agradable para el lector.

Una editorial que nada más vive de novedades está en problemas, porque tiene la responsabilidad de hacer que cada nuevo lanzamiento sea un éxito, y eso es imposible. Además, muchas novedades exitosas no necesariamente se incorporan al catálogo de la editorial, ya que son obras de coyuntura que responden a un contexto y a un momento muy específicos.

Un editor no debe quedarse esperando a que le traigan libros para publicar; tiene que estar dispuesto a salir a buscar nuevos autores, a proponer y a sugerir. Debe ser propositivo e imaginativo. El editor tiene que hacer su trabajo, no solo se trata de poner una editorial y ya, pero en México la mayoría de las editoriales pequeñas funcionan así porque el dueño es novio de la poetisa, o la novelista, y eso se vale. Todo esto ocurre en el mundo editorial mexicano, pero se repite en cualquier otro país.

Los editores tienen que evaluar el grado de su autoridad o conocimiento sobre un tema. Si no se conoce el tema, se debe contar con un pequeño comité de tres personas especialistas en él que estén dispuestas a leer el libro y que compartan su opinión sobre su calidad y si puede venderse o no. Editoriales como el Fondo de Cultura Económica contaban con lectores especializados en temas como historia, economía, ciencia política, etc., que trabajaban de esta manera.

En 1978, un médico y profesor universitario que nadie conocía presentó una obra de divulgación ilustrada, titulada *Triptofanito*. El libro estaba dirigido a los niños. Joaquín Mortiz decidió publicarlo. No obstante, no tenía ningún otro libro de divulgación científica ni infantil en su catálogo.

El autor era Julio Frenk, secretario de Salud en el sexenio del presidente Vicente Fox, y su libro fue un éxito. Se ha reimpreso numerosas veces con una edición mejorada. Era uno de esos libros que un editor quiere tener porque se venden solos, por así decirlo, gracias a las recomendaciones de boca en boca.

Al hablar informalmente de la actividad editorial, lo primero que viene a la mente es la literatura y los libros de actualidad, pero en todos los países existe un amplio y discreto sector dedicado a la edición de revistas y libros sobre ciencias física y naturales, medicina y sus infinitas especialidades, ciencias sociales, psicología, psicoanálisis, pedagogía, filosofía, ecología, tecnología, ingeniería, electrónica y múltiples áreas del conocimiento. Los editores en este sector buscan y desarrollan el formato idóneo —virtual o digital en todas sus variantes— para divulgar oportunamente investigaciones, hallazgos, teorías, ideas, propuestas de autores académicos y profesionistas destacados. Una vez más, la especialización crea la necesidad de difundir el conocimiento y abre una puerta muy amplia a muy diversos retos editoriales.

Cuando Amazon comenzó operaciones en 1994, me encontraba a punto de dejar Promexa. De inmediato pensé que sería un éxito y rompería muchos paradigmas acerca de la distribución de libros. Recuerdo haber discutido el modelo con varias personas del medio editorial que decían: «Están locos».

Guardando las proporciones, a Amazon le ocurrió lo mismo que a nosotros cuando comenzamos Promexa: no teníamos que hacer o fabricar nada, solo éramos un vehículo de distribución.

El fenómeno Amazon es absolutamente genial, porque además es internacional: pudimos admirar cómo se extendió en el mercado global, ante el derrumbe de barreras aduanales y reglamentaciones. Su antecedente directo, si podemos llamarlo así, fue la venta por catálogo, que data de hace siglos.

El modelo de Amazon funciona porque la empresa cuenta con una red de títulos; en otras palabras, sabe dónde están los libros, ya sea en una librería o en una editorial, los solicitan y los envían desde ahí al cliente. Por eso tienen diferentes versiones del mismo libro.

Lo que Amazon le ofrece al lector es ahorrar el tiempo y el esfuerzo de buscar un título en varias librerías, con la enorme probabilidad de que no lo encuentre. La empresa garantiza que entregará lo que se está buscando, y al lector no le importa dónde está el libro, ni quién lo tiene, solo quiere su ejemplar.

Además, Amazon les ofrece a los lectores una amplia variedad de opciones: puedes comprar el libro nuevo, usado, sin pasta —que es más barato—, con defectos e, incluso, si lo quieres aún más económico, puedes optar por un ejemplar dañado o incluso mordido por un perro —es un decir— y que cuesta la mitad.

Amazon me parece simplemente sensacional; es el sueño de cualquier editor que existan plataformas como estas o librerías que, copiando el modelo, se adaptan a la nueva realidad. Algunas no lo hacen porque requiere una infraestructura tecnológica y una atención inmediata al cliente; otras prefieren no hacerlo porque se aferran al pasado.

Lo sorprendente de Amazon es que los libros le abrieron el mundo de la distribución para toda clase de productos inimaginables a nivel global. Han surgido competidores, pero el ejemplo inicial queda como una gran hazaña.

Yo solía comprarle varios títulos a una librería de Barcelona. En una ocasión, luego de solicitar unos libros, me respondieron que la siguiente vez hiciera el pedido en catalán.

Les envié una carta cancelando mi compra. Este ejemplo es representativo de mentalidades rupestres, como si no estuvieran viviendo en un país que se llama España y en una ciudad que se llama Barcelona, donde también se habla español, y más aún en el negocio de los libros, que se centra en vender el mayor número posible de ejemplares, aunque pueda parecer asombroso.

Amazon ha revolucionado una parte del mundo editorial, incluso en la actualidad invita a la gente a editar su propio libro y a descargarlo en formato digital. Por otra parte, hay autores que hacen su propia edición y la venden personalmente.

Me parece muy bien, siempre ha existido esta figura —la de las ediciones de autor—, aunque dudo que sea un gran negocio, pues depende del contenido del libro y del autor: si este último no quiere tener relación alguna con editoriales por sus prejuicios, está la opción de la autoedición, y ahora es más fácil con Amazon.

Conocí a un joven amante de la ópera, César Morales, quien decidió traducir, editar y vender libretos de óperas famosas, con versiones nuevas y bien realizadas; vende sus pequeños libretos bilingües personalmente. Desde luego, no vive de eso, tiene otro trabajo, pero lo hace con fervor. Esto existe aquí, en el México actual. Traduce óperas del francés, italiano y alemán, entre otras, como *Ariadna en Naxos,* traducida del alemán por Juan Villoro.

El mundo del libro necesita adaptarse aún más a todo lo que la digitalización le puede permitir o facilitar. Es un proceso que corre en paralelo con la industria editorial tradicional y, si bien el libro impreso sigue estando por encima de las obras digitales, son compatibles.

Un amigo me mostró un libro físico y me preguntó qué me parecía; era de casi 400 páginas. Le comenté que estaba bien hecho, bien diseñado y con una impresión de calidad. El libro era de Amazon, que no le pide nada a los mejores libros publicados en español.

El autor manda su texto a Amazon, la empresa asigna a una persona para que funja como su editor, revise todo lo que hace el creador y le ofrezca sugerencias. Ya existe, es una editorial, distribuidora y todo. Es como si regresáramos al origen, a los tiempos en que el impresor era editor y librero al mismo tiempo.

Sería una locura, pero hace falta un Amazon mexicano de libros, no lo hay; es decir, una empresa que asuma el compromiso de conseguir libros y hacerlos llegar a los clientes en un tiempo relativamente corto, con una plataforma de búsqueda fácil de usar y con los candados de seguridad necesarios para el pago electrónico. Amazon funciona porque hace posible todo esto.

Según algunas investigaciones, los primeros libros de bolsillo aparecieron entre finales del siglo XV y principios del XVI en Italia. Al impresor Aldo Manuzio se le ocurrió hacer libros con un formato cómodo para viajar con ellos. Eran descritos «con forma compacta o de manual», según lo señala Roberto Calasso.

Pero fue hasta entrado el siglo XX que el libro de bolsillo comenzó a popularizarse, no tanto por la comodidad del formato, sino porque se vendía a un precio mucho más accesible que el de la edición en rústica.

Los investigadores de temas bibliográficos señalan que fue Penguin Books, la editorial inglesa, la que diseñó el libro de bolsillo moderno en 1935. La idea rápidamente llegó a Estados Unidos y, hacia 1939, Simon & Schuster acuñó el término *pocket book*. Durante el franquismo, muchísimos libros en español aparecieron por primera vez en Argentina, y editoriales como Emecé, Losada y Sudamericana iniciaron sus colecciones de bolsillo a principios de la década de 1940.

En los años veinte, en España, la editorial Espasa-Calpe publicó en un formato más pequeño y en color amarillo la *Colección Universal*, un antecedente de la *Colección Austral* que fue un éxito. Existían ejemplares de estas colecciones en la extinta librería Zaplana, en San Juan de Letrán, en los años cincuenta.

A finales de los años ochenta, Alianza Editorial era la élite de los libros de bolsillo porque sus títulos rescataban autores y títulos agotados o no disponibles, así como innumerables textos académicos de alto nivel.

Otras editoriales españolas siguieron el ejemplo, como la renovada Austral, Castalia —centrada en las letras españolas—, y Cátedra —especializada en ediciones críticas de clásicos de todas las épocas—, entre otras.

Y finalmente (porque se tardaron mucho), surgieron los proyectos comerciales de libros de bolsillo en muchos países. En España, surgieron varias colecciones en editoriales con un catálogo muy aprovechable, entre ellos, el conocido sello Booket de Planeta, en el cual las obras publicadas originalmente en rústica, y que tuvieron éxito, pasan tiempo después a este sello para seguir en circulación. Es un formato con muchas ventajas, ya que permite difundir lecturas de temática variada a precios económicos y con comodidad de manejo, alcanzando a un público más amplio.

En México, no podemos hablar de críticos literarios porque no existen, es decir, los que se autodenominan críticos literarios son académicos, lamentablemente, y escriben para un pequeño grupo de lectores, pero no existe el oficio del crítico literario en México.

Por eso, ni en Planeta, ni en Promexa —en su momento— llegamos a considerar la crítica literaria para definir el plan editorial, ni siquiera para modificarlo. A lo mejor en un pequeño cenáculo la gente leía un libro por recomendación de un crítico, pero no pasaba de eso.

Por lo mismo, a muchos autores mexicanos no les afectan las críticas; quizá solo a tres o cuatro de sus amigos les interese lo que escriben, y es a ellos a quienes realmente valoran y es todo. Nunca me tocó ver a un autor devastado por una crítica.

Hace 30 años había numerosos suplementos culturales en los periódicos y también un número considerable de revistas. En esos espacios no faltaba un buen lector y redactor que podía entregar una buena reseña: dejando de lado las revistas académicas, lo que más imperó en México durante mucho tiempo fueron las reseñas de libros, que a menudo estaban alejadas de una verdadera crítica literaria.

En mi opinión, en la actualidad, el único crítico literario de renombre es Christopher Domínguez, quien es tanto perspicaz como incisivo —como debe ser un crítico—, y soy un ávido lector de sus obras. Sus libros son una referencia obligada hacia las letras.

Un día lo invité a que publicara en Planeta un libro con sus reseñas. En aquel entonces, era mucho menos conocido, pero no le convencía publicar con Planeta, como si la editorial no estuviera a la altura de sus letras. Finalmente, le publicamos un libro de crítica literaria que fue tan malo en ventas como los libros de cuentos.

Anteriormente, la mayoría de los periódicos contaban con un suplemento cultural dominical que podía tener cuatro o más páginas; incluso, en formato tabloide, llegaban a tener hasta 24 páginas, como el suplemento *El Ángel* del periódico *Reforma*. En ese espacio tenían cabida libros y autores, ya fuera a través de críticas literarias o reseñas. Lo importante era promover los libros, anunciar qué obras estaban por publicarse y entrevistar a los autores.

México en la cultura fue el gran suplemento del periódico *Novedades* que salía semanalmente; circuló de 1949 a 1961. Fue fundado y editado por Fernando Benítez y en él colaboraron Alfonso Reyes, Octavio Paz, Juan Rulfo, Carlos Monsiváis, Elena Poniatowska, entre muchos otros autores. Los buenos lectores muchas veces compraban *Novedades* solo por la información y la calidad del suplemento.

En la actualidad, los suplementos culturales casi han desaparecido y hay muy pocos espacios para hablar de libros en publicaciones periódicas. Algunos noticiarios de cadenas privadas de televisión le conceden varios minutos a una persona que recomienda libros a través de reseñas muy breves que comentan para el público televidente. La televisión cultural del Estado, incluyendo Canal 11 y Canal 22, ha producido muy pocos programas buenos para promover la lectura.

Rafael Pérez Gay conduce el programa *La otra aventura,* en el que se dedica, durante 30 minutos a la semana, a hablar de libros, de las novedades editoriales, de las reimpresiones, de los autores. Además de ser un buen escritor, se ha convertido en un *influencer* en el terreno de la literatura, y eso es alentador.

Jacobo Zabludovsky, hace 60 años, hablaba de libros y recomendaba lecturas en su programa que tenía un impacto sobre las ventas. Guardando las debidas proporciones, era algo similar a lo que en Estados Unidos hizo años después Oprah Winfrey. Bastaba con que recomendara un libro en su programa para que se volviera un éxito de ventas.

La televisión siempre ha sido un gran vehículo de difusión. En el caso de Estados Unidos, con más 300 millones de habitantes, es obvio que la gente no se iba a enterar de las novedades editoriales a través del periódico del pueblo, sino por boca de una celebridad de la televisión. Los canales culturales mexicanos no han sido fervientes abanderados de la lectura como, por ejemplo, Bernard Pivot en Francia, de la revista *Lire,* quien se convirtió en un promotor a nivel nacional.

Lo de Oprah Winfrey es el equivalente a «El libro del mes» que existió entre las décadas de 1930 y 1960. Publicaban un anuncio en una revista o un periódico e invitaban a los lectores a ser miembros de «El libro del mes»; por unos dólares, enviaban al suscriptor varios *bestsellers,* y este se comprometía a comprar mensualmente un libro seleccionado por grandes lectores y críticos que los responsables del programa ofrecían.

Eran recomendaciones acertadas y vendían mucho. Para un editor, publicar un libro que escogía Book of the Month era como sacarse la lotería: sabía que, como mínimo, se venderían 10 000 ejemplares.

Aquí en México existió algo similar. Había dos editoriales —de cuyo nombre no quiero acordarme— que frecuentemente pirateaban traducciones y publicaban sin pagar derechos. Tenía un sistema complicado porque el correo no funcionaba para eso, sino que entregaban a domicilio, cobraban y ofrecían su boletín.

Selecciones del Reader's Digest era otra variante. Tenía un catálogo increíble cuyos títulos se vendían en abonos; era un negocio de crédito. Lo crearon una pareja, los Wallace, e hicieron el negocio de su vida. Se volvieron millonarios y grandes donantes a museos de arte.

Todavía hay nuevas formas de vender libros. Solo se trata de inventarlas, organizarlas y ponerlas en práctica. Hay millones de lectores potenciales ahí afuera, y hay que salir a buscarlos.

Un ejemplo extraordinario de los últimos años, es la provocadora plataforma alemana Blinkist. Su mensaje al público es: ¿Ya estás suscrito a Blinkist? Esta app resume libros de no ficción. Te permite leer o escuchar los principales conceptos de un libro en tan solo 15 minutos; cada día la *app* ofrece un nuevo libro o *blink*. Apple recomienda Blinkist para los estudiantes de por vida, los pensadores críticos y cualquier persona que desee aprender de manera rápida las ideas principales de los libros de no ficción. Ofrece más de 6 500 títulos en 27 categorías. Más de 30 millones de personas ya están suscritas.

La empresa alemana sostiene que hoy en día, escuchar es la forma más popular de «consumir» contenidos. Aseguran que el 70% de los usuarios eligen escuchar Blinkist. También señalan que los resúmenes de 15 minutos permiten a las personas ocupadas «testear» un libro y si les gusta lo que escuchan pueden decidirse a comprar el libro completo. ¿Qué piensas de esta forma de promover la lectura y la venta de libros?

El periodismo cultural tiene diversos fines: informar sobre los temas culturales de moda, difundir eventos, conciertos, exposiciones, muestras, o bien, hacer una crítica seria sobre los diversos temas de cultura en México. En la actualidad, el periodismo cultural es inmediato: se enfoca en lo que está pasando en la cultura en el momento, qué temas son importantes de dar a conocer, cuáles son las novedades literarias, qué conciertos y presentaciones se aproximan, etc., pero el periodista cultural ha dejado su lugar al reportero cultural y se ha perdido en la profundización de la cultura.

Hace muchos años podíamos decir que había personas que escribían sobre música como Eusebio Ruvalcaba. En la actualidad, hay músicos o especialistas interesados en escribir sobre música, pero ¿en dónde escriben?

Novedades o *Excélsior* tenían columnistas que escribían sobre música, arte, teatro; reseñaban exposiciones. Había autores especializados en la pintura como Margarita Nelken o Raquel Tibol, quien además de provocadora, sabía de pintura, tenía seguidores y sus lectores encontraban en sus artículos una verdadera crítica cultural. Raquel Tibol no era una profesora de arte que escribiera. Era una señora que se había dedicado por completo a la apreciación artística, una periodista cultural en forma.

Uno de los principales promotores de libros en México fue José Emilio Pacheco, quien durante años escribió en *Proceso* sobre libros y lectura, además de otros temas de su interés. No era un periodista cultural, pero profundizaba en la literatura.

El periodismo cultural se ha transformado radicalmente a lo largo de este siglo; los periódicos y las instituciones culturales le han dado más importancia al entretenimiento que a la cultura; de hecho defienden la idea de que lo popular es una mejor manifestación de la cultura. En todo este movimiento, los libros van sorteando las olas.

Hace más de 60 años, leía *Revista de la Universidad de México* y siempre presentaban avances de libros que alguna editorial estaba por publicar; recuerdo un capítulo de *La región más transparente*. Esto despertaba el interés y la intención de leer el libro.

A lo largo de los años, TVUNAM ha mantenido programas sobre libros, con diferentes enfoques y objetivos. El más reciente, *Léemelo*, es un muy buen ejemplo de la televisión como promotor de la lectura.

En otros países, los periódicos mantienen su sección de libros o suplementos culturales. *El País* semanalmente entrega *Babelia*, y otros periódicos también les abren un espacio a los libros. Además de estas secciones semanales, muchas veces ofrecen una reseña de algún título que acaba de publicarse y que tiene una relevancia coyuntural. Pienso que la industria editorial en México no ha contado con ese apoyo que es fundamental.

Revistas como *The New Yorker* y *La Quinzaine littéraire* tienen otra política: si un libro recién publicado les interesa en particular, le dedican un artículo extenso en donde presentan un panorama amplio del tema y su importancia dentro del grupo de los libros que se están publicando.

Aunque al *Booktuber* lo veo muy superficial, es un hecho que es una de las nuevas formas de difundir y promover los libros y la lectura. En YouTube, existe mucho material: documentales, conferencias, pláticas con escritores famosos. Son espacios a través de los cuales el público también puede acercarse a los libros.

Al final se trata de promover la cultura por todos los medios posibles. En todas las épocas, grupos de aficionados a la lectura se han reunido para compartir el placer de la lectura. Hay editoriales y librerías que los promueven. Soy miembro entusiasta de un club de lectura desde hace años y lo recomiendo por su impulso al placer de leer y de abordar lecturas como Chéjov, Pérez Galdós, Proust, Camus, Beckett y Joyce.

IX

Nuevos proyectos

Cuando estaba por salir de Planeta, un buen amigo creó una asociación civil para estudiar a fondo la problemática de la ciudad de México y del área conurbada con proyecciones hacia el 2025; se llamaba Metrópoli 2025 o Centro de Estudios para la Zona Metropolitana del Distrito Federal.

Mi amigo me llamó porque necesitaba a alguien que dirigiera y coordinara la participación de numerosos especialistas en distintas materias: sociólogos, economistas, administradores, ingenieros, ecologistas, urbanistas, hidrólogos, etcétera.

Fue un reto importante porque empezamos desde cero; con especialistas interesados en investigar y realizar estudios con sus equipos de trabajo. Participaban académicos de la UNAM, del Tecnológico de Monterrey y de otras instituciones. Teníamos colaboradores de todas las disciplinas, bien preparados, serios, formales y entusiastas.

Desarrollamos temas que actualmente son parte de la agenda de la CDMX y de la zona conurbada, como el abasto de agua y sistema Cutzamala que, en 2004, ya se anunciaba como uno de los grandes problemas del Valle de México para el futuro.

Otros temas tratados fueron el de la seguridad, la salud pública, la educación, el crecimiento demográfico, la pobreza y sus problemas; el crecimiento económico, el desarrollo social, el medio ambiente, la explosión urbana y la vialidad.

Uno de los puntos clave en el estudio del desarrollo económico metropolitano era la necesidad imperiosa de un nuevo aeropuerto. Recuerdo una mesa redonda que organizamos con miembros de la Secretaría de la Defensa Nacional, autoridades del Gobierno federal y de la Ciudad de México, en la que señalaron, con unanimidad, que la propuesta de Santa Lucía no era viable para albergar un gran aeropuerto comercial debido a su ubicación, a los vientos y a la configuración del espacio aéreo.

La intención de Metrópoli 2025 no era construir una plataforma de campaña política. Desarrollamos estudios profesionales y académicos, fundamentados en amplias investigaciones, en cifras, en estadísticas, en proyecciones, en hechos objetivos que sirvieran de herramienta para plantear soluciones a problemáticas que tenían tiempo sin solución y que empeoraban conforme pasaba el tiempo.

Tuvimos reuniones con personajes de la política, con funcionarios de los tres niveles de gobierno. Organizamos presentaciones públicas gratuitas para dar a conocer nuestros estudios, pero en realidad existía poco interés y, aunque con el paso de los años he visto que algunos de los temas que desarrollamos han entrado en la agenda de distintos gobiernos, lo cierto es que no se les ha dado la importancia necesaria.

Luego de terminar el estudio, lo imprimimos y lo publicamos de manera modesta, en varios volúmenes dedicados a las diferentes áreas de estudio que desarrollamos. Lo que nació como una asociación civil terminó por convertirse en Ciudadanos en Red que, si bien retomó los fines iniciales, dio un giro para enfocarse en el fomento de la democracia y el desarrollo de la conciencia ciudadana.

Me sentí muy bien en ese tiempo. Extrañaba un poco las decisiones editoriales, los autores, pero el trabajo era muy absorbente y tenía una nueva y gran responsabilidad: los estudios que hacíamos y la información que publicábamos debía estar bien fundamentada; era necesario evitar un proyecto idealizado sobre un México que se presentaba apocalíptico en el futuro.

Si bien toda mi atención y esfuerzos estaban dedicados a Metrópoli 2025, no dejé de pensar en nuevos proyectos relacionados con los libros: su difusión, el acercamiento de las novedades a los lectores y la creación de herramientas para integrar los libros en la vida cotidiana de la gente.

Pensé en un proyecto para crear una empresa de noticias editoriales mexicanas similar a *Publishers Weekly* y, de hecho, entré en contacto con ellos para interesarlos en una edición mexicana. Quería editar una revista digital que se llamara *Libros de México,* en la que se hablara sobre las novedades, los libros que se estaban vendiendo más, las contrataciones recientes de las principales editoriales, los títulos que tenían éxito en Europa y Estados Unidos.

Preparé un boceto de cómo sería esta publicación digital y llevé a cabo varias presentaciones ante clientes potenciales como la Caniem, para mostrar de qué se trataba, cuál sería su periodicidad y su contenido. La revista debía estar financiada por anuncios de las novedades editoriales, con noticias de autores, anécdotas y chismes del mundo editorial.

Con tantas editoriales disputándose el mercado, la revista podría funcionar. Los costos se prorratearían entre las editoriales, pero las aportaciones de las 2 o 3 que se anotaron de inmediato no fueron suficientes para sostener el proyecto.

Quizá no era el momento propicio para una revista así, ni siquiera en formato digital, como la tenía pensada, pero todavía tengo los nombres registrados para que otros puedan realizarlas.

Pienso que sigue siendo una buena idea hacer un boletín digital, porque un producto con esas características es útil para el público en general y también para el público especializado. Ahí está la brillante iniciativa de *Proyecto 451* que publica con regularidad información internacional sobre el desarrollo editorial.

Hacia 2013, luego de mi paso por Metrópoli 2025, me reuní con un viejo amigo, uno de los grandes filántropos mexicanos que traía una inquietud. A lo largo de su vida, invariablemente había patrocinado proyectos en beneficio de la salud pública, la educación, el desarrollo social, la ecología, entre otros. Pero en 2013 quería apoyar y fomentar la cultura, y me buscó.

Así comencé el proyecto *Música en México,* junto con Manuel Arango y posteriormente con Henry Davis. Además de ser un empresario visionario, Manuel es un hombre brillante, multifacético, con inagotables deseos de contribuir al bien común.

Primero hablamos de la posibilidad de hacer una cartelera cultural que incluyera todas las artes: teatro, cine, música, artes plásticas, etc. Pero no podía ser de todo el país porque cubrir tan solo la capital de México ya era una labor titánica.

Medimos fuerzas y concluimos que tampoco podíamos abarcar todas las artes y todos los eventos culturales de la Ciudad de México, así que nos decidimos por la música clásica —ese era nuestro nicho porque los dos somos melómanos— y lanzamos el proyecto que hemos mantenido por más de once años. Es un proyecto editorial totalmente digital.

El servicio que ofrecemos en *Música en México* es sencillo, efectivo, práctico y gratuito. En vez de que el usuario busque información sobre conciertos, recitales o presentaciones en 10 sitios de internet, diarios, revistas, etc., con ingresar a *Música en México* obtiene toda la información, fechas, horarios e incluso la posibilidad de enlaces para la compra de boletos.

La cartelera es solo una parte de todo el proyecto y, por supuesto, es la que más visita el público. Pero el sitio es más ambicioso: tenemos varias secciones con información sobre compositores, música mexicana, historia de la música, géneros, la música tradicional por estado de la república, y casi todo está ilustrado con videos.

Una persona puede vivir en Álamos, Sonora, y estar enterada de lo que ofrece la Ciudad de México con respecto a la música clásica. Si el usuario no puede viajar a la capital del país, tiene varias opciones: una ópera distinta cada semana, donde se puede apreciar a las compañías operísticas más importantes de Europa. Es un proyecto de la Unión Europea que, de manera gratuita por un tiempo, permite reproducir las obras durante ese periodo. Posteriormente, se aplica un sistema de cobro, similar al de todas las casas de ópera. Es todo un mundo musical.

Aunque el *streaming* ha propiciado que la producción de discos como se conocía disminuyera, aún existen compañías productoras que graban música y los músicos no abandonan la ilusión de escucharse en una grabación.

En Europa, hay varias revistas de gran calidad dedicadas a la música. La mayoría de ellas reseña nuevos discos. Las compañías productoras y los festivales de música son los anunciantes de estas publicaciones.

Las revistas musicales han existido en México: *Pauta* desapareció hace algún tiempo; de por sí su tiraje era muy limitado y la editaba Bellas Artes. Después está *Heterofonía*, *Pro Ópera* y otras más o menos de aparición irregular. Lo importante es llegar, por cualquier medio, al aficionado que está interesado.

Música en México me ha permitido seguir editando, ya que escribir sobre música, elaborar la cartelera, recabar, procesar información y publicarla son tareas de edición.

X

Editar, antes y ahora

No quisiera concluir sin antes compartir algunas inquietudes por lo que presento estas breves reflexiones para su más atenta consideración.

¿Cuál es la perspectiva laboral para quien se interesa en formar parte de la industria editorial? Personalmente, pocos ámbitos serán más enriquecedores porque estará rodeado de libros, pero, ¡atención!, la consideración comercial podría parecer lo de menos, pero, en realidad, es crucial.

No es suficiente editar y publicar libros, es necesario distribuirlos, exhibirlos, promoverlos y venderlos porque, de lo contrario, no los leerá nadie. Los libros tienen que encontrar a sus lectores y, de principio a fin, lo importante es que los libros deben ser leídos. Si se trabaja en cualquiera de los eslabones de la cadena no puede olvidarse que la función primordial de un libro es que se lea, si no está de acuerdo, olvídese de este sector.

¿Cuál es el futuro de la industria en México? Si consideramos que, hasta fechas recientes, entre 40 y 50% de los libros producidos por la industria han tenido un solo comprador, el Estado, ¿qué exigencias ejercerá el Estado en el futuro inmediato ante los giros abruptos en programas y la inminente influencia ideológica en los contenidos?

La situación plantea serios problemas y, a la vez, posibles nuevos rumbos para las empresas activas en libros de texto e infantiles. El Estado tradicionalmente ha traído entre ceja y ceja a este sector, los sospechosos de siempre, objeto de las descalificaciones más aventureras, cuyo trasfondo es el eterno planteamiento si el único editor para la escuela gubernamental debe ser el Estado.

¿Hay espacio para competir en la dinámica del resto de la producción/demanda nacional de libros de interés general? Si las ventas totales de libros (en 2022) fueron 11.5 mil millones de pesos, y la venta de textos fue de 5 mil millones, queda un mercado de 6.5 millones de pesos anuales, distribuidos —por orden de volumen de ventas— entre ficción, salud y desarrollo personal, religión, sociología y ciencias sociales, matemáticas y ciencias, economía, finanzas, empresas y gestión, lenguas, derecho, y otros (Fuente: Caniem).

¿Quedan rubros en los que hay oportunidades por cubrir, satisfacciones creativas por realizar? ¿Existe campo para innovar y mejorar la cadena de distribución de libros? A pesar de las lamentaciones de un sector librero agobiado por carencias y limitaciones reales o imaginarias, en mi opinión las librerías no crecen al ritmo necesario geográficamente, ni en número de locales ni alcance de servicios, pero siguen siendo el canal de ventas de mayor facturación (33%).

El segundo canal en importancia las escuelas, colegios y universidades, seguido por el gobierno; vienen otros canales comerciales como las tiendas departamentales, tiendas virtuales, internet, expendios propios, ferias de libros, autoservicios y ventas a empresas. Es desafiante la presencia de tal variedad de canales para hacer llegar libros a sus destinatarios.

La selección de canal depende también del catálogo: hay libros para público amplio y otros que van dirigidos a un público minoritario, muy identificado, al cual lo mejor será vender directamente. Creo que falta creatividad e innovación.

Está claro que el mercadeo personalizado es una estrategia a seguir en el mundo digital, no solo por editoriales con diversidad de catálogos o instituciones académicas, sino también por editoriales con catálogos pequeños y altamente especializados, a semejanza de los autores-editores que escriben para vender directamente a sus lectores habituales.

Hay algo por hacer a favor del perenne sueño bolivariano, ¿la exportación? Solo representa el 5% de las ventas totales nacionales. Hace décadas España dio un gran impulso a la exportación de libros mediante subsidios y apoyos que beneficiaron la expansión de numerosas editoriales, grandes, medianas y pequeñas. ¿Hay realmente un mercado para el libro mexicano en el exterior? ¿Ayudarían los estímulos? ¿Es un espejismo?

¿Continuará el crecimiento en la venta de audiolibros y libros digitales? El acceso fácil y barato de dispositivos cada vez más sofisticados y la explosión de la lectura en movimiento son fenómenos internacionales. ¿Moda o llegaron para quedarse?

¿Tenemos todos los datos clave para evaluar la realidad del mercado en su absoluta totalidad? Por ejemplo, ¿está disponible el perfil detallado de compradores a entidades como Amazon, Mercado Libre y un etcétera que incluye a buscadores profesionales de libros —como librerías— que atienden discretamente a un buen número de lectores?

¿Qué hacer para que más niños lean, y lean bien? ¿Cómo convencer a las autoridades educativas que hay que dotar de libros a las escuelas, a las aulas, a las bibliotecas? ¿Por qué no «inventar» esquemas como la exitosa Imagination Library concebida por la estrella de country Dolly Parton para niños y niñas de 0 a 5 años? Suena extravagante pero no lo es; de hecho, es un esfuerzo que funciona ya en varios países. Imagina el impacto que tendría sobre la publicación de libros infantiles.

Finalmente, el editor, antes y ahora. La nostalgia por los editores desaparecidos se expresa con afecto, respeto, admiración y una cierta tristeza («no volverá a haber alguien como...»). Sin duda, estas evaluaciones son merecidas y se apoyan en los catálogos construidos por estos señores editores y no pocas editoras y, quizá, en situaciones culturales especiales, de creación literaria o demanda de mercado.

Sin embargo, sería tonto pensar que las condiciones anteriores no volverán a presentarse. Hoy existen agrupaciones de editoriales independientes que dan muestra de su actividad, problemas y demandas; existen otras tan pequeñas que ni participan en comunidades sectoriales. En nuestra cultura siempre habrá campo para la figura/personaje del «editor» o *publisher,* el que ama leer y compartir su experiencia con los demás, no solo con *The Happy Few,* aquellos lectores ideales que ansiaba Stendhal.